气场

修成手册

CHARISMA 2012

全球高端人士都在修炼的成功法则

高原●著

湖南文艺出版社
HUNAN LITERATURE AND ART PUBLISHING HOUSE

博集天卷
CS·BOOKY

在《气场修成手册里》里，作者以清晰的理论和明确可行的方法告诉我们：怎样对自己作出正确的定位，挖掘内在的气场潜能，全面提升自身魅力。在案例方面，作者通过对名人气场分析、企业实际案例以及他的见闻，同时综合他的训练手段，向读者展现全面的气场提升原则和注意事项。不管你是谁，从事什么行业，你都能在本书里找到属于你的拥有强大气场的方法！

对于个人或者团队来说，气场都格外重要。气场对于个人来说是一种"精神名片"，它不需要说话，也不需要特地说明，就能为你打开与人交往的第一扇大门。对于企业来说，气场则是一种企业文化，而每一个企业的成功都与企业文化密不可分。记得有这么一个说法："一流企业靠文化，二流企业靠机制，三流企业靠人才。"已经形成气场的企业，对企业中的每一个人都有着极强的同化作用。

《财富》杂志每年都要针对美国的企业经营者进行一次"最让人尊崇的公司"评选，沃尔玛、微软、戴尔等很多知名公司都榜上有名。这些优秀的企业，在引导与维持企业的积极强大气场方面都有着过人之处，确保了企业的活力，吸引了众多优秀人才不断加入。通过营造企业环境气氛对经营进行管理的方法，我们一般称之为情境管理，也叫情境领导。

本书有理论有实例，通俗易懂，是作者对公司管理层气场培训课程"的一次总结。它对丰富公司管理层的情境领导、增强员工心理素质、提升人生格调、扩大个人与企业影响力都有着一定的实用性。

序 28天决定命运

（纽约Burson公关培训中心负责人劳·莱恩）

在最初的几年中，保罗致力于让人们理解在人际关系的处理中"个人气场"及其对于团队影响力的重要性。相比于技术性的公关手段，提升我们内在的气场，勇敢地面对麻烦不断的人生，对我们来说似乎是更加不可或缺的。诚然，怎样找到气场，对一些人来说总是很难，但保罗对此作了非常详细和形象的解释。他总能在他的培训课上让人们会心一笑，从而让信心得到提振，找到正确的突破口去解决心灵难题，由内而外焕发生机。

后来，我们在纽约设立了第一家真正将气场理念融入公关课程的培训中心，开始为人们提供专业的气场提升的课程服务。到今天为止，保罗的努力成果已经遍布全美和西欧，在全球拥有二百多家企业客户和几十万高阶管理人员的热情参与。其中不乏世界500强的高层领导以及优秀的潜力公司的领导人。

　　总会有人问到我气场能够做什么，人们已经习惯了用功利性的指标来衡量一切事，似乎没有赢利的一切劳动都是全无意义的。比如人们每天都在计算：我赚了多少钱，在夏威夷投资了几栋房产，新接到了几张名片，每天可以接到多少邀请赴宴洽谈合作的电话………他们迫切地希望第一时间就看到做一件事情的收益，好像连呼吸也要纳入赢利的人生体系，如果呼吸不能帮助他带来金钱上的回报，似乎也应该停掉。世界越来越功利化了，这正是人们逐渐变得"没有吸引力"和"丧失个人魅力"的原因。

　　所以，从保罗和我在纽约开始我们的工作至今，充满困惑的疑问和冷眼旁观的审视从未停止过。

　　"保罗，你会让一家心理咨询机构上市吗？"

　　"莱恩，只要明白了气场是什么并作出改善，我就能因此变成百万富翁吗？"

　　"我希望全世界都能买到我的产品，保罗先生，您能帮助我实现吗？就像乔丹的球鞋和马布里的运动衫一样，他们的个人气场成功地转化成了商业价值，我也可以，而且更棒！不是吗？请为我设计一条金光大道吧！"

　　瞧，似乎只有如此流行的问法，才能给他们的疑问画上一个最富感染力的惊叹号。许多人关注的是提升气场可以为他们的账户增加几串数字，气场能够转化为几个零的财富和多少可见的商业机会，而不是真正改善他们匮乏无力的内心世界，从此告别信仰的迷失和定位错轨的未来。

去岁，在东京大学的一次春季演讲中，保罗再次强调了他的课程希望而且正在体现它应有的价值："我们难道不应该告别如下通常难以自觉的噩梦吗？似乎生来所有的日子都是为别人安排的，受他人操控，我们从来没有机会发现内在的真实自我，使世界真正围绕我们内心的引力尽情地绽放。尽管很少有人做到，但我们确实可以！"

金钱的充足并不能为人们带来满意的生活，至少它不会帮助一个人实现他前所未有的存在感。当你除了冷冰的财富之外再无一物时，你会发现自己是这个世界最孤独之人。若你不能提供温暖的心灵价值，缺乏强大的感召力和由内而外的人格魅力，没人会在乎你姓什么和说什么。

多年以来，华尔街知名的金融奇才霍津先生就迷失在这样让人窒息的生活节奏中——这是普遍的现象，一叶浪漫主义的小舟被卷进狂暴深邃的大海，除了拼命地挣扎，它不会再有心情讨论自己想驶向的那个美丽的地方。遗憾的是，现实中太多的人并没有意识到自己正处于如此荒芜的状态中。当霍津某日突然醒来时，他发现自己已经虚弱无力，完全无法在门外的世界找到一个位置。直到他遇到保罗，加入了我们的魅力训练中心，艰难地重塑他的气场，探索和改变他自己的内心世界。

霍津的故事是一位投行资深人士跳着金钱之舞，在金融游戏中渐失内心色彩的典型样本。一个工具化的人，恰如你或者别人正在成为的那样。他就像一家形象光鲜的商业公司，对金钱有着无比敏感的感知力，拥有出色的资本操作技能。人们送给他"股票老鼠"的绰号，认定他是第二个彼得·林奇，对他显赫的操盘历史充满了赞扬或讽刺。

　　从冰冷的数据上看，霍津是一流的成功者。他身居华尔街知名投行的高管位置，年薪两百万美元，有公司股权、巨额分红和数不清的灰色收入。在美国西海岸拥有两套海滨别墅，每年去东南亚休假一次，欣赏文莱的沙滩风光，扎进新加坡的浅海游泳。

　　但是问题就在这里，他失去的远比得到的多。

　　霍津说："金钱像流水一样有序运行着，在我这里绝不会白白浪费一分钱，可我从来没有感受到成功的味道。这就是美满的人生吗？为什么我始终体会不到想象中的幸福？每当开始一天的工作，我都找不到自己的影子，我更像是一部毫无感情色彩的投资机器，按照无情的投资规则敲击键盘，输出或回收资金，买进卖出那些只是电子符号的股票。"

　　尤其令他痛苦的是感情失败，已经39岁的霍津还没有遇到一位愿意与他牵手步入教堂的知心伴侣。包括他在美国佛罗里达的大学生涯，他数不清自己交了多少各具风姿的女友，参加了多少场交际聚会。他甚至玩过纽约新近很流行的一种情感游戏，那是具有契约性质的一种异性交际模式：凡是被抽中配对进行婚恋试验的男女，必须像真正的恋人那样郑重地交往一个月，除了不会被强迫同居，每天至少吃一顿情人烛光晚餐，在一起约会半小时甚至更长时间，像是要把两块石头用强力黏合在一起。

　　即便如此，与他搭对的女孩不惜违约也要在第三天或者第一个周末就跟他说拜拜。

　　"我是令人讨厌的魔鬼吗？为什么我缺乏魅力？"

　　"我肯定染上了某种让人害怕的病毒。"

霍津陷入了空前的自卑，但显然他完全不必如此。他在圈内人心目中的印象好极了。作为一位典型的东部美国式的大好人，他诚信守约，遵守行业道德，绅士一般地替客户管理照顾着他们的钱。但当他走出那个特定的场合，从一个世界走进另一个世界，他的气场显然立刻充满了缺憾，像被剥了一层皮，马上产生过敏反应，似乎蓝天白云之下的这个充满活力的世界不是为他准备的，一个微小的空气分子也会对他瞪起不友好的眼睛，要求他向后退上几步。他只能在一个固定的舞台实现自己的价值，而丰富多彩的人生却要求他释放更多的内心，在多领域证明他很棒而不是仅靠在事业上的叱咤风云。

他做不到生活对他的基本要求，亲情，爱情，还有友情，这些离他很远。我们身边有多少这样孤独的人呢？事业成功，口袋多金，在商界叱咤风云，但却没有一个心灵的归宿，只能苦苦地等待一位悲悯的救世主前来点化他，赐予他无限的抚慰和怜爱。在两个世界艰难穿行的霍津先生不过是其中最有代表性的一位。

想听听霍津的最后一任正式女友对他的评价吗？她无可奈何的回忆就像一场"噩梦"。

"他就像一块冰，即便内心燃烧着烈火，却仍然不自觉地拒人于千里之外；他全身上下充满了货币味，找不到一丝让人产生亲近冲动的男性味道；他谈及生活总是很木讷，只有聊及投资时才会两眼放光滔滔不绝。和他在一起索然寡味，因为你会发现自己是多余的，只能陪侍一旁欣赏他的表演——时时都在向你强调他是一套计算多么精密的投资程序，包括到哪儿吃一顿饭才最为划算。"

也许这并不是多么糟糕的风格，对于大多数人来说，这很平常。但这离我们对生活最高的要求实在太遥远了。就像没人会指望你做一个圣人，而你并不会因此就去放纵自己。

在我们的机构，下定决心的霍津经历了28天的重造。他希望自己可以拥有更好的生活，得到生活的另一面。然后他确认自己获得了新生，为他的心灵补充了关键性的营养，开始认识并找到了展示自我的最好方法。

不久之后，霍津回到华盛顿向保罗表示感谢，他说："只有在亲身体验过后，我才明白气场原来有如此大的魔力，谢谢你给予我的力量。我想，我已经找到了工作的意义，以及我应该追求的生活。"

其实他自己的思维转变才是关键，没有任何力量比自己的内心更为强大。我们只是帮助他获得了更好的审视自我与思考生活的角度，帮助他找到了深埋于内心的精神宝藏，使他内在的魅力得以完全释放。

按照保罗的气场理论，我们在了解了他的具体生活之后，为他制定了三条调整自身气场的原则：

1. 勇敢作出环境的改变：摆脱工具化的气场环境和生活模式。

环境总会潜移默化地改变一个人的气场，当你被一千个伤心的人包围，你也会变得多愁善感，好像上帝马上就要消失了，世界末日即将来到。颓废的气场具有强大的传染力，从而让你或者他也变成一个悲观厌世的人。但当你长期身处一个快乐的团队中，和那些微笑的绅士以及幸福的主妇们打交道，你的气场也必将是灿烂的绿色或宽容平和的蓝色。

霍津第一个要改变的便是环境。环境常常将人俘虏，如果他意识不到这个问题，欠缺警觉性并沉溺其中。我们建议他尽可能不去公司处理事务，离开华尔街那个布满电子屏幕和财务账单的地方，远离那头面目"可憎"的财富之牛，将大部分可在网上完成的工作搬回家里，最好始终在身边放一盆可爱的绿色植物，每天记得欣赏一部艺术电影。重要的是，他如约去了自己在郊外的一所房子办公，窗外是一望无际的农场和只听得见些许鸟声的树林，让他不由自主地想在这里永远待下去。

环境的改变是一个关键暗示：我不再是投资工具了，而是享受田园风光的"自己的主人"。

初期他并不适应，在这所房子会客时竟一度不知道该说什么，表现十分拘谨。当HY投资（HY Investment）公司的财务总监巴比·克莱先生急匆匆地找上门来时，被这一幕惊讶得眼睛都要掉出来了，他看到了和以前完全不一样的霍津。面前这个人不再是投行业狡猾的老鼠，而是一个只想躲在角落里静享个人世界的中年男人。

离开固定的旧有环境的心理阵痛往往是如此强烈，我们经常有如此体验，比如离开家去远方的大学长期住宿时，总会有人一度因无法接受而充满焦躁难眠的不安全感。但这却是好的信号。霍津开始找回本该如此的生活，他接人待物不再是机械式的反应和完全出于职业训练的应酬模式，我在他的眼睛里发现了一双友谊之手，以及迫切的全方位展示自己的渴望。

"我的状态还可以吗，朋友？"他忐忑不安地问我。

"好极了，霍津先生，你只要再放松一点，没有比这更完美的状态了。"

他坐在沙发上，将紧绷的双腿伸展开，脸上终于露出了自然的微笑——他想说点与生意无关的事，随便聊聊，没有目的性。然后，我们畅快地谈起了劳伦斯·怀特德-弗莱的新书《假装的艺术》。

这是他第一次轻松地涉及与金融无关的话题，尽管你可能觉得不可思议，但他过去的气场之病就是如此严重，因为那是一种完全被工作俘虏的金钱奴隶的压抑生活。现在，情况已经大为好转。

2. 发自内心的笑容：每天进行神圣的微笑仪式。

微笑很容易，可是又真的难以做到。

"你首先应学会真正的微笑——人类最简单的一种表情，却最难以使用，充满玄机。你试着了解过自己的内心吗？那个地带并不神秘，它正渴望交友，向人们展示它的存在，渴望着除了金钱的一切，而你却一直刻意压制它的请求。长期以来，你违背着内心生活，走向了自我潜意识的反面。"

保罗的话为霍津开启了一个反思的窗口，他的确习惯了职业式的笑容，所有的言行举止都不过是职业程序，麻木地执行固定的任务。他的气场是僵化和凝固的，除了资本谁也征服不了，即便在父母兄弟面前，他也一点不受欢迎。他的弟弟就曾亲口嘲讽他为"来自另一个世界的怪物"，足见霍津是多么需要改变。

每天的微笑训练并不神秘，但具备一定的强迫性质。霍津需要在清晨主动走出房门，向每一位遇到的路人开口问好并致以热情的微笑，展示自己对于生活的诚意。

"早上好！"

"今天的太阳真好，希望我们一切顺利！"

"你们好，昨天看了布兰登（美国迈阿密海豚队的著名橄榄球手）的比赛吗？"

当人们停下匆匆的脚步，给他以积极的回应时，霍津仿佛回到了20年前的学生时代，笑得既得意又开心。

这是最简单有效的方式，一点也不复杂，它将给你最强烈积极的心理暗示，让你对生活充满了热情乐观的渴望。我们知道，他的改变已经悄无声息地开始了。当他开始微笑着主动给朋友打电话而不是只跟客户进行固定交际时，霍津将再也不是那个只懂得在金钱面前冷酷起舞的成功男人。

3. "女人缘"来自针对性的改变：最大的问题是他自己。

对于见多识广的霍津来说，或许学会打动观众的微笑并不困难，就像做一份财务报告那样可以手到擒来，但讨女人喜欢的笑容和说女人喜欢的话却不是他的所长。两者并不相同，他需要更深入地练习与女性沟通的技巧，既要改变自己，也要主动了解女人。这是他在微笑课程10天内着力攻克的难关。

在这个课程中，保罗告诉了他一些要领，而我则记下他每天的变化。

"我还需要研究女人？女人和男人有什么不同吗？"

霍津有理由感到不解，尽管他是在与女人这场战争中屡战屡败的"失败大王"，因为他信奉规则至上，从不相信玄妙朦胧和难以琢磨的事物。而女人恰恰便是如此神秘，女人的非理性与资本的绝对理性一定会产生最不相容的碰撞，于是在情场受到伤害的就成了霍津本人。

女人不是乖乖听话的证券户头，霍津不可能敲一下电脑键盘就可以将她们征服。相反，作为一位对女人一窍不通的优秀男士，霍津的固执和霸道反而使他在女人眼中不伦不类，沦为众人眼中的笑柄。

问题就在这里，当你对一项与你发生紧密联系的事物完全陌生时，你怎么可能具备相得益彰的融洽气场呢？

保罗向霍津先生提出了三项他必须立刻加以改善的内容：

1. 调整外在形象
2. 真正改善内心的兴趣
3. 学会选择恰当的交谈话题

事实上，作为一个生活讲究的人，霍津在这三个领域内的知识几近于空白。严肃古板的着装在华尔街的证券交易所一定很有存在感，但在夜晚的纽约广场或者情调幽雅的酒吧就一定会让女人皱起眉头，况且他还一身铜臭。当霍津无论早晨还是傍晚、工作还是假期，总是以那一身固定颜色的西装出现在异性面前时，我相信最善解人意的女人也会感觉到身边的这个男人是块发出怪声的重金属。

更严重的是，霍津从来不知道如何跟女人聊天，他似乎每一句话都要先跑到股票市场泡一泡，才能心情舒畅地对人讲出来。

有一次，霍津忍不住对我们讲到了他上一次失败的约会。他漂亮的女同事海芬女士在纽约第五大道的酒吧等他赴约，那个女人满怀着浪漫的期待，但是跟他聊了15分钟就愤怒地站起来，穿上外套无比失望地离开，并对他奉上了再见之前的忠告：

"没有女人会在这个时候关心她该买哪一只该死的股票，除非她要找的不是丈夫而是一身铜臭的证券经理人！可怜的霍津先生，你认为我是你虔诚的客户吗？为什么你从见我第一眼起，就喋喋不休地谈论美国经济形势和伊拉克局势对世界石油价格的影响，你认为一个正跟男人约会、希望嫁一个好丈夫的女人会对此感兴趣？"

这件事后来成了华尔街投行业内的茶余谈资，并在男性员工当中产生了一句流传甚广、苦口婆心的劝告语："不要试图和女人讨论石油，请记住霍津的教训。"

在我们的建议下，霍津下了相当大的决心，为自己做了一次全面的里外翻新：

他开始穿休闲装工作，去公司，见客户，到银行开立户头。西服从他的世界中消失了。

他"迷"上了八卦小报，关心好莱坞的花边新闻，让自己变得像小报记者一样对全世界的明星绯闻无所不知。

他找到了自己真正感兴趣的第二职业，有时会兴致勃勃地写些专栏，发表在《华盛顿邮报》和《华尔街日报》上。

霍津的转变在华尔街的圈子里再一次掀起了一场讨论风暴："那个家伙怎么了？他好像而且一定是吃错药了，难道要跳槽去做好莱坞星探和女性话题的专栏作家吗？"他当然不会这么极端，这只是我们对他气场改造的重要部分：从里到外为他的内心输入新鲜的氧气，尝试其他领域，从而使他可以从容地得到自己想要的生活。

显然，他终于拥有了如其所望的女人缘，命运之神就像在良性循环的蝴蝶效应的驱引下，一夜之间发现并眷顾了他。这是他应得的，因为他学会了生活之道，在那些简单的转变中体会到了征服异性的奥妙，而不只是一些讨好女人的技巧。

去年成功结婚的霍津在发给我们的邮件中说：我终于理解了气场的含义，以及我们应该在不同的场合为它做点什么。加入"28天训练"是我作的最正确的决定，谢谢你们，就像保罗告诫我的：

对生活永怀感恩之心，你即最有魅力！

就如霍津先生的故事向我们所展现的，在本书中，保罗将送给我们一个"28天完全改变人生"的魅力提升奇迹。书中将会清晰而具体地告诉我们如何运用气场理论，结合无数影响人生的实践法则，有效而迅速地改善内在自我，提升我们的内外形象。只要学会感悟和运用书中的基本原则和建议，我们就能释放心灵深处埋藏已久的宝藏。

这不只是一次气场的改善，更是一场心灵的革命！

只需要28天，你的一切都将与众不同！

Part 4 气场明星是怎样炼成的/147

005

Part *1*

气场测试：
你真的了解自己吗

◎ 每天问自己3个问题
◎ 发现自我性格中的弱点
◎ 气场定位：奇迹一定会发生吗
◎ 气场测量：跟踪自己的颜色

◎ 每天问自己3个问题

我是谁，我想做什么，我应该怎么做·····································

现在，很多人都在谈论气场。但是很显然，人们并不真正理解气场在公共关系中对于我们意味着什么。一个团队，一家企业，乃至一个具体的人，他如何让气场对自身的能量释放发挥积极影响？这正是我在本书中将要谈到的。

首先，当你迫切需要改善气场并赢得计划中的精彩人生时，最重要的工作并非让所有的人都看到你焕然一新的外在形象，对你发出由衷的赞叹声，而是发现你内在的真实自我，成为一个了解自己并且可以把握命运的人。

在相当长的一段时间内，我坐在纽约的办公室里，几乎每天的工作时间都用来研究课程的参与者提供的他们那些"不堪回首"的经历。我发现超过60%的人都不清楚自己想要什么或正在做什么。尽管他们用最大的嗓门抱怨自己的生活一团糟——也许不是那么糟，但人们想要得到的实在太多了，付出了最辛苦的努力却得不到丝毫像样的回报。

外在与内在的两个"我"被隔离了，这很令人困惑不是吗？即便他们严格遵循既定的程序，试图在他与别人的公共关系中寻找一个恰如其分的定位。然而，场景总是不受控制的：你开着一辆汽车，疯狂行驶在雾色笼罩的高速公路上，尽情地打着方向盘，却不知道这辆车正在驶向何方，不清楚前面是想去的终点还是险象环生的悬崖绝壁。这会让我们走得越远就越对自己感到迷茫。我到达了什么地方，距离梦想的港湾还有多远？我到底有没有可能实现这个美妙的计划？

你开始失去对内在之"我"的掌控，对自己感到陌生。正像《营销管理》的作者菲利普·科斯勒已经告诉我们的：什么是最成功的买卖呢？销售世界上第一号的产品——不是汽车，而是自己。在你成功地把自己推销给别人之前，你必须百分之百地把自己推销给自己。

没错，我最大的愿望就是想请全世界的读者都能从这些所谓的"自我总结和自我审视"中既看清别人，又看清自己，永远牢牢地把握人生最重要的问题。"我当前的气场？""我怎样调整自己，才能散发出明星一样的光环？""我如何实现企业的目标，同时又展现自我价值？"亲爱的，这不是问题！当你能清楚地描绘自己时，你就已经具备了无比健康的气场和积极向上的动力。

就像年轻英俊的美国小伙莱顿终于看清了自己的双脚就站在危险的线外一样，他庆幸在最需要睁开双眼的时候参加了我们的课程，得到了一个给心灵充电和重新振作的机会。他陪着自己的朋友杰弗逊来到了我们的培训中心，但随后他发现自己的问题更大。

他在摆脱了曾经面临的困惑之后说："杰弗逊像一个不敢面对世界的孩子，他没有朋友，而我好像陷在了无休无止的人际泥潭中迷失了自我，我跟随着欲望前进，但没有得到想要的东西。我想，一定是某些方面出现了错误，让我背离了自己的内心但又找不到原因。"

他在高盛公司有一份待遇丰富但又不胜其烦的工作，他每天跟全世界不同肤色的投机客打交道。客户的目标就是赚钱，而他乘坐金钱之箭在浩瀚的数字信息中游泳。直到有一天，他认为自己失去了太多重要的东西。

"我是谁？"他开始产生疑问。

"这不是我想要的生活，我好像被曾经的理想抛弃了，对前景不抱任何信心。"

"我的人生计划并没有实现，一点儿也没有。尽管我跨进了上流社会，锦衣玉食，讨论着最时髦的精英话题，但我却不得不承受着心底的阵阵空虚和无力，丝毫没有成就感的存在！"

这是一种奇怪的感觉。有时你明明很"成功"，开着价值不菲的车子，住着几百平方米的房子，但你每天情绪低迷，失魂落魄。

你知道吗？当我们内心的潜意识与外在气场发生冲突时，就会陷入这种精神分裂状态。气场总是与我们浑然一体的，它不是一面随身携带的镜子，可以在任何一秒拿出来看它的表面是否有瑕疵，是不是需要拿一块干净的抹布擦拭一下，给它镀上厚厚的金子。气场隐藏在我们的身体深处，总是向那些观察你的人真诚地告白，而对你的审问却销声匿迹，难以发现。因此，一个人想彻底认清自己的难度很大。眼睛长在自己的身上，却是用来观察外界事物，感受别人的气场的。自身往往成了无从判断的盲点。如果不是这样，阿波罗神庙的石柱上也就不会刻下"认识你自己"的谕示了。古代的欧洲人假神灵之手提醒世人认清自我、审视自我的重要性，以避免自我认知的迷失。

正因极为困难，才更显出认识自己的宝贵和刻不容缓。

不管别人对你的评价多么高，你时时刻刻都要有勇气对自己说："我是个毫无所知的人，我认为自己正在慢慢背离初衷，亟须作出积极的改变。"在我主持的博雅公司的魅力训练课程上，在华盛顿、纽约、洛杉矶和东京，所有的人都会听到这个建议。我们习惯了向世界夸耀自己的博学和野心，但却没有时间回过头来反省内心，给自己做一幅动态影像扫描。

如果某一天，你有勇气做到这一点，我相信你一定惊讶得不知所措，因为你看到的将是一个完全陌生的自我。它面目可憎地站在你眼前，甚至一副魔鬼扮相，正无比投入地将你带向毁灭的深渊。

2009年夏天，我问艾伦："我是谁，我想做什么，我如何才能做得好？你是否经常思考这样的问题？"艾伦夸张的表情像吞下了一头大象，他从来没有设计过此类自我询问。

然后我给他拿出一块白色的题板，在上面写下了三个问题：

我是谁?

你是否能清楚地看清自己的角色?

★家庭角色:在父母心目中的位置,儿女眼中的形象,妻子内心的地位以及亲朋好友对你的真实评价。

★社会角色:你经常慈善捐款吗?参加各类公益活动和社区活动吗?和邻居的关系融洽吗?

★工作角色:你可知道上司、同事和下属对你的看法?你对于公司的意义是什么,在团队发展目标中的作用是什么?

当然,最重要的是你在人生理想坐标上的位置:你的人生轨迹是正在向上还是向下,是在挣扎还是正在突破?

我想做什么?

我的目标和理想是什么?

我想达到的人生高度,最想实现的心愿,不管大小、平凡或伟大,我是否每天了然于胸,并坚持向着正确的方向前进?

这些年来,我犯下了哪些错误?是否一一得到了纠正,我是否有过随波逐流的心理和行为?

我为了坚持心中的目标和自己的价值观,跟上司或同事发生过激烈的无可挽回的争吵吗?

最后我选择了妥协、忍耐还是坚持到底?

我应该怎么做?

关于这些对我的生活影响重大的事项,我正在怎么做,采取何种行动？

如果以内心理想为评判标准，我目前的行为是错误还是正确，有没有让我无法解决的麻烦？

我正在面临的烦恼是什么，一切顺利还是正遭遇挫折？

那么，我的出路是什么？

我郑重地告诫艾伦以及亲爱的你，不论何时，认识并回答这三个问题总会帮助我们在迷雾中看清方向。就像一次突然把我们从梦中叫醒的身份确认："喂，高原，你睡得太久了，该睁开眼睛了，别再胡思乱想了好吗？你看，你的功课全都荒废掉了！"

它帮你清楚地看到自己的人生坐标以及当前的运行状态，在我们的生命中起到极为重要的三个作用：

★**自我修正**：打破惯性睡眠和功利化的气场，在激情奔放的列车脱轨之前及时踩下刹车，调整方向。

★**明确和强调目标**：调整气场，改正已经发生的错误，对内在的"我"进行信心强化，激发自我潜意识和积极的心理暗示，重新激活对我们的人生有益的气场，而不是就这么颓废下去。

★**毫不迟疑地开始监督自己，将"我"当成一家正规公司而非皮包机构，制定良好的长期制度**：当你意识到这些问题时，我们就会自觉地为自己提供监督，控制前进的方向。错误的气场可以在第一时间被修正，以免迷路。

在我的建议下，有些在美国和加拿大取得成功的中小企业便是这样做的。他们会要求员工每天问自己三次相关的问题，在询问结束后必须给出明确的答案，让自己的一天始终保持斗志，精神焕发地迎接所有的工作。

我的老朋友凯瑞曾在中国浑浑噩噩地度过了很长时间，然后他回到华盛顿，开了一家电器营销公司，为试图打开美国市场的亚洲电器提供营销服务，他们的顾客中有海尔、海信和松下等亚洲大品牌。我去拜访他时，正值上午九点。这是上班的时间，就像他之前在电话中告诉我的，他们正在进行这一神圣的"与内心对话"的仪式，每个人都会拿出五分钟的时间与心灵面对面，两个"我"赤裸裸地相对，彼此通报各种数据。

这既是对过去的审视，又是对今天的激励和对未来的展望。

"保罗·高，效果好极了，这比周末的礼拜更有意义！"

凯瑞告诉他的员工，当你早晨起来时，如果从镜子中发现的是一张模糊不清的脸，那是一种灰暗无色的颓丧气质，预示着你今天将分文不获，度过碌碌无为的一天。开心的事在你看来也变得没有意义；失望的遭遇将加重对你心灵的打击，你会更加沉沦，失去作为！人无自省之力，就像眼睛被蒙上了一层黑布，即便有买下美国的雄心壮志又怎么样呢？你将难以实现生活和工作的目标，就算学富五车也毫无气场。

综合以上种种事实，我在这里告诉你，气场首先是对内发散和起作用，人的底气和神志的清澈是我们气场的根本。

找到答案：艾伦的困惑和释放 ·············

表情夸张的艾伦那一刻在想什么呢？他也许从没听说过人可以这样近距离地与自己对话，并在对话的过程中认清自己的气场。也许他觉得人应该尽可能地逃避真实的自我，假装"已经实现理想"地活着。他是来到我们设立在纽约的培训机构的第十万名咨询者，他的故事是对我们所有人的一次心灵启迪。作为摩根大通的一名高级职员，现在，他步履沉重地来到这里，迫切地要搞清自己在做什么，自己的人生还有没有值得赞美的价值。

就像投资老手霍津一样，艾伦也迷失在了该死的资本市场——这个时代最大的悲剧，便是金钱正无情地摧毁人们原生态的气场之源，使我们不再是为了更幸福的生活而是被金钱所操纵，以自己的欲望去满足金钱的本性。艾伦每个月在上海和纽约之间来回一次，每天面对着无数的电子账单和数字变化。他是世界级金融资本的操盘手，业内甚至传闻他参与了著名的美林银行的倒闭操作。然而有一天他突然觉得，自己成了金钱的俘虏，他在清晨镜中自己的脸上看到了死亡的颜色。

有一次朋友聚会，老友们无情地嘲弄他："艾伦，你的脸色与这里的氛围格格不入啊，你是不是需要回家休息一下呢？"他坐在一个很显眼的地方，手中端着红酒，一副期待的表情。他想和朋友聊天，跟性感的女人有一场尽兴的约会，哪怕谈点好莱坞刚上映的无趣电影也好。但是没人或很少有人想接近他，人们对他敬而远之。在他的身上，聚集了冷酷和冰凉的金属气质。他是一个按照规则生存的人，失去了热情和浪漫的生活色彩，变得不像一位好朋友和一个合格的情人。直到他找到我，希望重新改造他自己。

"艾伦，你想达到什么目标呢？"

"我想有正常的社交、充满乐趣的生活，不再被朋友当做只能拿来利用的投资工具，不再被女人视为拿着钞票寻找一夜情的洪水猛兽。"

"这很容易，艾伦，你只需要确认自己，将飞出轨道的灵魂领回家。"

我们需要剔除内心虚伪的所有因素，找回纯真的自我——"我是谁？"正像一部著名的电影中所展现的那样，你大声问过自己吗？我是谁，我来到这个世界是为了什么？我正在做的事情是否符合内心的期待？这是对自我气场的定位，没有任何事比它更加重要。如果你不清楚自己是一个什么样的人，怀着怎样的梦想在这个世界上生存，你所做的一切都将失去健康的色彩，也将变得没有任何意义！

艾伦试着每天对自己进行一次询问，在他进入资本的世界之前。这项工作需要坚持不懈，任何事都不能中断他早晨八点钟的神圣仪式。他需要将每天的答案写下来，汇成一本小册子，每天晚上睡觉前都要拿起来看一遍，再次审问内心，为自己画一幅心灵肖像，不管那个"我"有多么丑陋。

半个月后，他给我发来了电子邮件。他说，这是一场心灵的拷问，让他发现了自己过去的愚蠢、无能以及数不胜数的缺点。

他很艰难但是顺利地找回了曾经的理想，尽管已经在内心深处埋了很久，上面生满了青苔。他以前的理想是做一名称职的金融学者，研究如何让人们生活得更好，让财富为人们的吃穿住行提供帮助。但现在他却成了金钱的俘虏，替投机家操纵市场，掠夺几千万毫无还击之力的股民。

艾伦很快辞去了摩根大通的工作，加入了一家慈善机构，负责管理一家向全世界的饥饿儿童提供帮助的大型公益基金。他重新快乐起来，每天充满了忘我工作的活力。不久之前，当我们再次在华盛顿见面时，我惊讶于他斗志昂扬的生活状态。

"现在我很快乐，保罗，每一笔从我这里出去的钱，都有它最终的归宿。有的会去非洲东部的贫穷村镇，有的会去亚洲南部的小村庄，还有一些会用于医疗救助，专门给那些需要专业医生帮助的穷苦病人。"

看得出，艾伦的精神状态完全不同了，他全身上下充满了善良和开朗的光芒。这正是一个人反复内省并找到心灵出路的结果，即便不经过后面长期的气场培训，他也能够重新构造自己的心灵世界，焕发出强大的吸引力！

如果你正对自己的生活感到同样的困惑，亲爱的读者，还等什么呢？你只需要每天拿出半个小时，就能打开修正内在之"我"和重塑积极气场的心灵之门，它不比我们去超市刷一次信用卡来得困难，只要你现在就开始。

◎ 发现自我性格中的弱点

我是世界上最大的白痴吗，我为什么不行？

我有哪些影响气场改善的弱点？狡猾顽固的惰性在我的体内游走，我为什么对它有心无力？

是什么东西让人们对我敬而远之，使我总是被人群淹没，被他人的光芒遮蔽，连一丝胜利的机会都没有？

当你感到上述苦恼时，意味着你走出了自我气场定位的正确的第一步。接下来你将完全解剖自己，坦然地将内心的每一个充斥着灰尘的角落晾晒在阳光之下，让那些对你的人生大肆捣蛋的坏分子逃无可逃，全部飘浮在空气中。

看，那是懒惰，它让我逃避任何有意义的工作，将重要的事情一推再推，应该马上完成的理想在我嘴里总是变成随口一句"明天再说"。

这是消极厌世，在它的控制下我对生活失去了任何兴趣，总觉得生活不过是一场早晚都将奔向死亡的悲剧，再怎么努力也难以逃脱自然法则的主宰，所以干脆什么都不做，就这样混吃等死好了。

还有嫉妒和小气，在它们的控制下，我变得心胸狭窄，斤斤计较，像一把尖锐的刀子出现在人们面前，时不时割伤别人的皮肤。没有什么是我愿意出让的。我强烈渴望占有一切好处，不管对谁都睁大眼睛，寸土必争，争到你死我活，以致身边的人都逐渐离我而去，连一个可以抱怨的朋友都没有！

……

这些奇装异服的心灵"怪兽"，它们统统都跳出来了，在阳光下扭着腰肢，大叫着，吵闹着，喧嚣着，挑战着你，而你完全可以将它们一网打尽，彻底踢出你的世界，对它们永远地关上大门。

只有敢于面对真实自我的人，只有他们才能做到这些。自我的肯定总是伴随着某种程度的自我否定。找到了影响和破坏我们积极气场的因素，你才能明白自己应该做些什么，怎样填缺补漏，像修整一座房屋那样重建自己的气场。

保罗的14条性格检测标准

我们在培训中心，为希望发现性格弱点的人们提供了14条检测的标准——就像14把精准的手术刀，对我们精神世界的每一处角落进行剖解与测试。

1. 精神质：你会毫无征兆地冲动，而且无法控制吗？

2. 内向与外向：大部分时间内你的性格是哪一种，或者具备双重性格的典型特征？

3. 情绪稳定性：你是否可以良好地控制情绪，总能平静地思考问题？

4. 掩饰性：懂得遮掩真实的内心，表情一直控制得很好？

5. 躯体感受：你的身体是时常发紧还是时常放松？

6. 强迫感：是否有被外界压迫或自我压迫的感觉？

7. 人际关系敏感度：你时常在意他人对你的评价吗？

8. 忧郁感：对现状或未来感到忧郁，并形成了长期的心理痼疾？

9. 焦虑感：对某些事充满担忧，甚至会突然出汗，总是找不到疏解的方法？

10. 敌对感：你的世界有没有敌人或很容易为自己制造敌人？

11. 恐惧感：有些事时常让你感到畏惧？

12. 偏执倾向：是否不顾一切坚持某些东西，十八头加州驴也拉不回你的脚步？

13. 精神因子：当问题来临时，你常感到精神紧张还是情绪正常？你会在压力面前失眠吗？

14. 睡眠饮食等其他：生活规律是否正常？因为工作长期熬夜还是经常不情愿地出差？

我们采取了打分的方式对参与者进行整体性格测试。每一项的最低分是1分，满分都是10分。

高于7分说明已经超过了危险的红线，意味着相关的问题正对生活起着极坏的影响。他的欲望太强了，对规则充满破坏性，气场极度病态，心态极度自私，如果不及时调整，不但会对他的事业造成难以修补的障碍，还会损害他的身心健康。

所有的标准都处在4分到6分的区间，说明这是一个自控能力很强的人，各项指标都非常稳定，具有缜密的思维能力与平和健康的气场。这样的人从不冲动，他善于思考，生活规律，平易近人，人际关系处理得恰到好处；他的身边总会有一大群朋友，无论他是富裕还是落魄；他很大方，总能及时帮助朋友，是下属眼中的好领导、上司手下的得力干将。总体而言，他的性格接近完美，但正因为如此，他是一个看似没有瑕疵的完美主义者，他最大的弱点可能就是对生活的要求太高了，很容易被一些本可忽略的错误绊住脚步——尤其对于他自己的错误。如果能稍微放松一下标准，这样的人正是我们努力的目标。

各项数值都低于3分的人，他的气场无比虚弱。因为他没有欲望，也从来没有制订过远大的人生计划。总而言之，一个毫无生活压力和目标的人，他对什么都不在乎。朋友、金钱、人生理想，甚至家庭和情感，在他眼中都是无所谓的符号，随时都能一脚踢开，只要它们挡住了他"这辈子随便玩玩"的脚步。

在我们身边处处可见此类厌世之徒，就像一位失业之后在家独居8年的费城小伙，当他的父母强迫他来到纽约，希望我帮助他们的儿子重拾信心时，站在我面前的简直就是一具没有呼吸和心跳的"尸体"。没有欲望，这是人生最大的缺陷。一次失业的打击，让他对世界完全失去了兴趣。在他看来，工作是一种冒险，因为失业会对他造成伤害。严重的自卑心让他龟缩在家里，不想看到朋友的眼光，不想接听女友劝慰的电话。随着时间的流逝，他建造了一个孤独的个人世界，活在想象中的安乐城堡。

看到他性格测试的数值后，我们为他制定了两种气场训练方案：

第一，尝试去做社区义工，改变对工作的看法。可以去教堂、福利院，也可以替慈善机构做一些力所能及的工作，让他体验金钱或者薪酬之外的价值体系。义工不会每天看老板的脸色、同事的白眼，也不会有被解雇的危险。这是让他重新融入积极生活的第一步，也是风险最小的方法。

第二，不要强迫他马上去交朋友，而是鼓励他看一些反映友情或爱情的艺术作品，最好是生活气息较浓的轻喜剧。当他能够笑出声来的时候（或许他一直在内心有强烈的情绪表达欲望），将意味着他开始重新激活生命的气场，他会产生与朋友和爱人分享快乐的冲动！

他们把儿子带回费城，帮助他开始全新的生活。从后来的反馈中我知道，事情起初并不顺利，小伙子的抵触情绪很浓，即便一份简单的义工工作，也让他充满恐惧和不安。他会想：我将遇到冰块一样的上司吗？同事会对我的求助置若罔闻吗？以前他受够了这些冷漠的对待，现在他似乎觉得"我有权利不让你们看到我积极地活着"。父母很有耐心，没有强迫他必须去，而是带他去福利院参观，让他看看义工是如何工作的。对他产生最大震撼的不是那些免费提供服务的义工，而是福利院的孤儿和即将去世的老人。这些被残酷的命运抛弃了的不幸的人，竟然个个满脸微笑，主动向他问好，询问他的生活。

一个孩子过来对他讲笑话，开心地咧开嘴笑着，好像他是全世界最幸福的小孩。

一位年过九十的老人用带着爱尔兰口音的英语对他讲述当年自己失业的故事。

在这些人的感染下，他很快接受了这份工作，并且拥有了独居8年之后的第一位朋友：那个笑话讲得最好的福利院小孩。

我在电话中听到他的声音时，感受到了他内心无法抑制的生命活力。他已经看到了这8年自己的虚弱，正努力用对生活最积极的渴望弥补失去的时光。

"我知道该如何生活了，再也没有比过去更加让人唾弃的日子，从今天开始，无论遇到任何事，我都不会放弃自己了！"

当莱顿在高盛公司情绪低迷不能自拔、感到工作并没有给他带来想象中的回报时，我为他做了旨在找到调整突破口的性格测试。最后我发现，莱顿有10项标准的数值均在合理的区间内，显得十分优秀，但是4、9、13和14这四项的数值却都偏高。在回答这四项的问题时，他也稍显犹豫抗拒，说明他也意识到了相关的问题。

综合他的职业、过去半年的状态以及测试的结果，我们得出了莱顿的气场特点：他个性冷静，在生活和工作的过程中情绪从不会起伏不定。作为一名投资顾问，莱顿优秀极了，他精明强干，像一部从不失误的计算机器，这正是他需要的事业气场。但同时，他处理事情的灵活性很差，虽然善于忍耐，但遇到问题时反应缓慢，对待未来缺乏突破的勇气。当他较好地克制自己的冲动和勃发的激情时，他也失去了扩展人生空间的机会。他是一个最佳的商务合作者，拥有着充足的人际库，是容易得到上司认同的下属，但不是一个有情趣的朋友。他适合从事一些固定性强但需要付出细心、谨慎和耐心的工作，所有的力量都投入到这一件事情上面，并且做得无比出色。但他在交际场合却会很快失去光彩，除了谈论怎样从金融工具中获利的事情，没人再对他感到眼前一亮。

重要的是，莱顿不知道应该怎么办，他被自己绑架了。

○**我对莱顿的调整计划：**

1. 因为他稳定和务实的特质，在投资领域的专业能力毋庸置疑，资本操作向来是他的理想，所以他仍然应该留在金融业，而不是像他自己设想的那样投身艺术行业，去投资一部电视剧或者做模特经纪人。

2. 他应该开发自己多角度的思维，避免钻牛角尖，同时重新梳理自己的人际关系。重点是，他需要找到真正的朋友。

3. 他可以有意训练自己进行一些灵活性和反应性强的活动，完善自己的个性，为生活增加新鲜感。尤其值得注意的是，他应该多参加非公务的团体活动，比如邀请一些朋友在周末去观看精彩的球赛，让别人忘掉他是高盛公司那些资本投机客的吝啬的财务管家。

○**对他的建议：**

在结论中，我告诉莱顿，他应该充分发扬自己在工作中专业和认真的长处，以补偿他处事不够灵活的性格弱点。多参加工作以外的活动，离开工作本身，是一个好办法。比如到夏威夷旅游，到非洲探险，去亚洲登上中国的长城。给自己一个放松的假期，享受丰裕的物质收入带给他的休闲回报。他需要时刻警惕自己的墨守成规和冷漠固执。当和别人讨论工作以及与朋友相处时，对话要放慢节奏和速度，留给对方考虑问题、作出反应的足够时间。这很重要，因为这会有助于改善自己高傲和居高临下的形象，改变在别人眼中他固有的傲慢形象。当他忘掉投资顾问和金融专家的身份时，热情的生活就会向他走来，他的气场才能回归积极，让自己在享受事业的成功之余，也能感受到生活的快乐。

在进行性格体检之前，莱顿一度有些紧张，反而不如他带来的"病人"杰弗逊表现得自然，而且他对这次测试的准确性曾抱有怀疑的态度。发现和承认自己的弱点总是一件困难的事，对于我们每个人来说都是如此，难度不亚于打胜一场战役。没有人愿意与自己作战，因为这很容易陷入一场"越战泥潭"，但这恰恰是大多数人无法变得真正优秀的原因。当莱顿拿到我给他的体检报告后，他对我说自己的收获非常大。因为这份报告的准确率在他看来是百分之百，每一个判断都让他心服口服。

"保罗，我确信经历了一场灵魂洗礼，原来我的脾气如此差，在朋友眼中我一定是个让人讨厌的不速之客。"

他说得没错，莱顿的许多朋友都这样评价他，认为他除了钱之外从来不谈论其他话题。他唯利是图，用名片、车子和会计师事务所出具的资产评估报告去判断一个人的价值。他只交那些可能带给他金钱收益的人，对待穷朋友的态度像面对一堆垃圾，尽管他可能内心热情如火。被人误解的痛苦让人同情，这说明他的气场出了很大的问题。

随后他才决定前来参加28天魅力训练的全部课程，像杰弗逊一样经历了一场"重生的炼狱"。他决心改掉那些影响自身积极因子的不良习惯，尽可能地消除气场的缺陷。

半年以后，当我再见到他时，他将自己的经历写成了一篇文章，登在《华盛顿邮报》上面，呼吁那些每天浸泡在红酒中的人都来参加魅力课程，为自己进行一次气场检测。

他说："也许你已经很好了，但这将令你变得更棒！你会惊讶地发现自己原来还可以这么优秀！"

这是一场和灵魂的对话，它会帮助你克服性格的弱点。只要你能说服自己，脱去俗世的伪装，告别功利的都市、循规蹈矩的电脑以及枯燥的文件对你的捆绑和冲击，你就能在一面干净的镜子前解剖自己的个性和心理特征，发现自己气场真正的形状和性质，然后找到正确的方向。

请记住，我们每个人的性格都是一个构造独特的世界，里面蕴藏着巨大的能量。能量的徐徐释放构成了我们最基本的气场，就像飞机的发动机，既可以将我们从云端抛下，扔向万米之下的地面，摔得粉身碎骨，也可以助你飞向成功的巅峰！

因此，当你决定检测并调整自己的气场时，请首先认识性格。发现那些丑陋的弱点，才能造就积极健康的心态。把握住命运的风帆，使自己不至于在巨浪汹涌的大海中触礁遇险。

坏气场自检：问问自己"我为什么不行"

人们习惯了随口说出："我就是行！我没问题！"就算心怀忐忑也会把牛吹到天上再说，总之绝不容忍被轻视的局面出现。这是一个很好的优点，我们都知道，自信是多么重要，但如果不懂得在释放自信之前搬除脚下碍事的石子，你就一定会重重地摔跤。

"我为什么不行？"有多少人在深夜的窗前对着内心发出强烈的质疑？

这不是一个会影响人生的重大问题，但却是可以洗涤心灵的普世哲学。它是我们开展魅力训练课程的座右铭，也是每个优秀人士与行业精英稳定释放强大气场的秘密法宝。

你只有敢于审视镜中的自我，知道自己为什么不行，才能找到"我可以"的决定性智慧。

当你面对一个升职的天赐良机，或许正有一位大客户和对公司极为重要的业务需要去争取，在强大的对手面前，你知道怎样去竞争吗？你有哪些优点是对方无法比拟的，你有哪些劣势是没办法与之抗衡的？你需要问问自己，对自己进行一次全方位的检测。

多伊奇公司的董事长唐尼·多伊奇建立了一个资产过10亿美元的全美顶尖的传媒公司，他在自己的书中就曾不止一次地向人们推荐这个问题——"我为什么会成功？因为我总是会询问自己，我为什么不行。"

一旦你懂得自问并积极主动地去寻求答案，气场便能得到全新升级，机遇的王国就会向你敞开大门。

这既是对我们自身良性气场的激励，又是对我们人生的一次加油。当那些水深火热中的美国中小企业主怀着重重的疑问来到我这里时，我总会建议他们先把当前的企业危机放到一边，去他的没有赚到手的钞票，请先给自己来一场心灵对话吧！难道我们连跟自己的内心诚实谈话的勇气都没有了吗？

"客户和你只见了一面就不再联系了，快到手的钱跑掉了，你因此愤怒，但你反省过自己的领带颜色过于鲜艳吗？可能就是它毁掉了你的大生意，而不是什么公司的财务结构。"

"优秀员工总是跳槽的原因也许不是你提供的待遇过低，而是你缺乏让人信任的领导力，在你这艘船上看不到希望的人一旦有机会便果断跳上岸，跑到更好的船上去，留下你一个人来到我这里自怨自艾！你为什么总是抱怨员工不能提供好的建议呢？"

"你从销售人员做到了中层经理，本来前途远大，但却在升职后不久便被开除了，哦，这很令人遗憾，但真正的理由或许并非你不是谁的人，是不是站错了队伍，而是你对公司不够忠诚，这才是你最大的缺陷。"

无数的失败者都有各种各样的借口为自己辩护，他们唯独没有真正思考过自身的问题：

我为什么做得不如那个胖子？他有何了不起？

事实上，除了体形比你臃肿、走起路来就像一只唐老鸭之外，他一定有某些优点是你短期内无法超越的。只有清醒明智地自我审问，才会帮助你发现隐藏很深的弱点。及时地将它们改正，你在失败之后还有机会，否则你就只能不断地继续抱怨下去，直到再也没有人理会你微弱的声音。

◎气场定位：奇迹一定会发生吗

在为自己描绘一幅发自内心的真实的形象素描之前，你需要有足够的自知之明，明确定位自己的硬实力与那些真正强者的气场差距。你必须保持一个清醒的头脑与准确的自我判断，才能客观地定位自己当前的气场。

很难察觉的气场陷阱：成功"随我想象" ·······························

就算客户向你描述的市场潜力确实如此，无数的钱就堆在那里，等着你流着口水扑上去，但你具备相应的实际开发能力吗？许多人因为毫无准备的冒险而遭到惨败，过于乐观让他们看不清自己的实力，强迫自己一定要做到某些事情，结果就是一败涂地。

华尔街有很多这样失魂落魄的失意者，他们在自己的脖子上挂上"我需要一份工作"的牌子，无可奈何地游荡在人来人往的街头，可怜巴巴地希望银行家给他们一份养家糊口的工作。

现在他们才发出这样的请求："只要能填饱肚子就行了，我不奢求太多，不会眼睛一闭就想变成亿万富翁，我已经学会了务实。"

你要知道，从"我需要"到"可完成需要"再到"成功实现"的伟大设想，这几乎是所有的创业者努力、付出和奋斗的目标，但又有多少人为了这"惊险一跳"付出了巨大的投入，结果踏上了有去无回的深渊？

一个失败的加州青年坐在我的办公室里仍然不停地解释他的梦想："如果每人消费一盒……""如果每10人买一盒……""如果每个终端每天卖掉一盒……""如果每两天卖掉一盒……"是的，那他将是全美国最有钱的高级化妆品提供商了，所有在美国销售的法国香水都会出自他的销售仓库。但很不幸，他在尝试过后仍然一无所有，原因不是他不够努力，而是他没有先在全美的城市作一次终端消费行为的真实调查，让无情和真实的数据告诉自己：市场到底是不是他设想的那样。

"成功并不是随你想象的，有欲望不代表一定就可以实现，气场也并非可以辐射到世界的任何一个角落。最重要的不是你何时抓住机会，而是先看清自己离机会还有多远，风险是否值得去承受。无论成功的企业家还是正在跃跃欲试的开创者，在面对美好的市场前景时，都必须有一个清晰的认识和系统的思路：这块蛋糕到底有多少能够属于我？我将如何才能得到它……"

我和莱恩曾在去年的秋天共度了一次有意思的爬山之旅，那是洛杉矶附近的一座小山。但我们一开始走得太慢了，当我们到达半山腰时，时间已是下午四点，我们商量接下来是该继续向上还是回家。莱恩望了一望上面的人，笑着说："保罗，如果速度够快，我们可以在五点钟到达山顶，然后在七点钟回家吃晚饭。"

他很乐观，对此跃跃欲试，因为这是一次大胆的尝试。美国人爱冒险的天性在此时的莱恩身上起到了作用，他很想来一次深夜的登山之旅。但我首先想到了一种不可承受的危险，因为这座小山一周前在晚上八点发生了一场凶杀案，凶手至今逍遥法外。如果不能以最快的速度爬上去并且返回，那么八点钟左右我们就还在山上疲劳地行走，而且恰好在发生过凶杀案的半山腰。

此时，我们的体力已经不足了，保持最快的速度只是一种美好的想象，到时一定会陷入最麻烦的境地。

所以我摇头说："不，莱恩，我们现在就回家，这座山早晚都会被征服的，但不是今天。"

"保罗，这不是你的风格！你不是向来最有激情的吗，我的提议难道不是一种莫大的勇气？"

我说："是的，莱恩，你的想法很好，如果在其他安全的地方，我会支持你的建议，但这里不行。我们要理性地思考可行性，清醒地计算自己拥有的筹码，而不是想当然地以为只要想做就什么都可以了。"

莱恩觉得很遗憾，一路郁闷地跟我下了山。但第二天早晨的新闻告诉他，我的选择是正确的。当天晚上十点钟，洛杉矶警方在山下的旅馆将凶手抓获。之前一个半小时，有目击者发现他在山脚出现，于是立刻通知了警察。莱恩出了一身冷汗，马上给我打电话，向我表示祝贺。

"保罗，你又对了一次。"

这就是我说的，我们需要时刻遵守自然法则，只有懂得理性，才能正确释放激情。爬山是一种最好的比喻，无论对任何事而言。我们如果不知道自己距离山顶还有多远，就会在作出选择的时候犯下致命的错误。无谓的冒险从来都是一种毫无价值的冒失。冒失者的气场总是无可控制地向外膨胀，在华尔街和世界各地的金融机构，这样的傻瓜数不胜数。

一个最典型的例子是，当股市暴涨得一发不可收拾时，巴菲特总是按兵不动，不动声色地看着疯狂涌入的人们，然后在市场崩溃的一瞬间，他才悄悄地进场收拾残局，收购那些贬得一塌糊涂的"垃圾股"。有多少人会天真地以为股价将永远地疯涨上去呢？他们总觉得赚钱是随他们想象的，只要他们想赚钱，钱就摆在不远的货架上等着他们伸手去拿，任何代价都不需要付出，甚至那些钱会自己飞到他们的怀中。

因此，过度自信的气场往往就是一个有去无回的陷阱。如果你正对一件事情信心爆棚，你就要格外小心了，这说明你很有可能在笑得最开心时摔一个头破血流，在对手的嘲笑声中退出比赛。

最有效的人生原则：清醒的自我比关注别人更重要

关注别人很重要，我们要成为赢家，就要去跟那些同样想成为赢家的人较量。但是相比较而言，自我保持清醒才是更加重要的气场选项。我在这里郑重地告诉你：永远不要试图在看不清自己时还想着去解剖和玩味别人！

清醒的自我，就是让你保持一个清醒的头脑，你不但要明白自己究竟在做什么，还要清楚自己目前已经拥有了什么，还缺少哪些重要的东西，要弥补哪些缺口，填补哪些方面的不足，然后你才会懂得应该如何去追求，怎样去征服并获得那些肥沃之土。

一个聪明的人，他对自己的未来首先应该是气场定位，然后才是确定方向和目标。

★**我们的气场定位要明确。**

应该如何定位自己？这就是在本章我最想告诉你们的。当你学会了定位，才能找到方法。

你要分析当下的社会是什么样的，环境是否如自己期望的那样理想，我正踩着的这个平台存在什么特征，然后得出社会需要什么样的人，你要具备什么样的思想或者能力，而自己是否已经具备。

如果你具备了这样的能力，又该如何找到适合自己的行业，或者发现一件自己可以做的事情；如果结果相反，问题便成了我们应该如何调整，才能拥有很好地适应环境和实现人生计划的条件。

★**方向和目标：你要为自己画一幅肖像。**

"你想要得到什么呢？"我经常问那些苦恼终日的人们，他们的野心很大，但气场散乱极了，既心不在焉，又无法坚定地调整。人生方向不明确的代价，是他们走了大量的弯路，浪费了时间和精力，甚至损失了不菲的金钱，付出了惨重的情感代价，仍然一无所获。

　　这时你就要为自己画一幅肖像，对理想和人生计划进行定位。你想要成为什么样的人，获得什么样的社会地位，想要在哪方面体现价值。让这些重要问题在脑海中形成富有逻辑性的影像。如果你想成为画家，画家就是你的目标，接下来你就要思考怎样才能成为画家；如果你的计划是美国最著名的律师，从事法律工作和开设一家律师事务所就是你的努力方向。当你有了方向和目标时，你就有了兴趣和热情，思想就会围着你转，气场也会随之变得健康和强烈。

　　记住，拿出一份可行的计划去奋斗，你早晚都会达成所愿。

　　可以肯定的是，对一个气场完善的人来说，他既需要自信，又需要具备相应的能力。当你确信自己能做好这件事情时，就完成了一个自我清醒的过程，你就不用再去过多地关注别人。或许，从这时起你就发现只有你才能顺利完成这件事情。

　　"只有我可以，是吗？"

　　这时你就可以充满自信地大声说出来。没有人比你更强，也不会有人做得比你更棒！

◎气场测量：跟踪自己的颜色

　　可以确定的是，我们每天的气场颜色都是截然不同的，内在情绪的变化决定着它们会向外界传达什么信息。早晨，中午，傍晚，你都会看到一个与其他时间完全不同的自己。"他"有时是金色的，充满挑战的欲望；有时又是红色的，愉悦而幸福；有时还是黑色的，只想待在角落独自抚摸伤口。

你没有过这些千变万化的时刻吗？在几十年的生活中，我经常感受到身体就像一只五颜六色的宝盒，向外散发着形形色色和变幻无穷的气场。我时常无法确定它是什么颜色的，反映着我的内心正在发生哪一种变化，是积极的还是消极的，但我尝试去控制它，以便调整自己的情绪，使我始终可以把最好的一面展示给外界。

毫无疑问，气场的颜色具备两个特征：

○**我们每一次情绪的变化，气场都会展现相应的颜色。**

○**经过正确的训练和调整，我们能够做到体验、观察和控制气场的颜色。**

莱顿后来向我讲述了他在高盛公司的见闻。他的顶头上司，那个喜怒不定、铁腕作风的家伙心情怎么样，当天的工作状态如何，莱顿总能一眼看出来，他知道何时该离那家伙远一点，什么时候递上情况不妙的数据报表不会挨一记狂风暴雨般的"重拳"。

黑色的，灰色的，还有黄色和红色，莱顿为他的上司划分了四个泾渭分明的颜色层级。他得意于自己的创造，而这都源于他从魅力课程中得到的有益启发。

他说："黑色说明那个人今天难以琢磨，不知在为什么事感到忧虑，他一定是受的打击太大了，整个人都被烧成了一块黑炭，我最好小心一点；灰色说明他正在思考某些可以预见的不妙的问题，也许正努力控制着千万不要发火，这种颜色代表他糗大了，或许老板刚给了他一记板砖；黄色和红色是吉祥的颜色，整个高盛公司都在为此欢呼，说明他正在走运，这是心情愉悦的象征，就像一面鲜明的旗帜挂在他的脸上。"

莱顿弹无虚发地通过颜色来观察别人的气场，从来都能给自己找好合适的位置。他聪明地保持着与他人的距离，这为他的工作提供了有益的帮助，而他也因此变得更受欢迎。

明白一些简单有效的颜色喜好测试，就可以帮助我们测量内心的气场。也许你会因此发现，真正的你，并不是你平时所想象的那个自己，你有着太多连自己都看不到的秘密。

在这里，我的总结是：你最钟爱的颜色，一定代表着你想成为但却未能成为的人；你最讨厌的颜色，则往往是你内心试图摆脱的某种不良气场。

○灰色：谨慎的气场表现。具备灰色气质的人，他不喜情绪激动，经常喜怒不形于色，性格沉着，而且自控能力极好。他不会跟你有过深的友谊和过近的关系，通常，他喜欢跟所有的人都保持恰当的距离，哪怕是他的妻子和可爱的孩子，也很难真正走进他的内心。

○黄色：积极外向和高贵的气场表现。他有着超脱的心态，做事不会太在意回报，尤其瞧不上短期的收益。而且，他不担心别人的议论与指摘，因此他的心情很轻松愉快。无论工作还是生活，他都精力充沛，目标坚定，不轻易动摇，是一个可以信赖的人。

○**蓝色：** 宁静和理性的气场表现。他性格冷静，心胸宽广，思考理性，善于控制感情，遇事镇定，判断力强，见识不凡，但他性格内向，并不容易接近。征服这样的人通常需要你大费周章，因为他不会被花言巧语轻易蒙骗。他经常可以轻而易举地看透别人的内心，识破说谎者哪怕非常高级的骗术。因此，蓝色气场的人适合从事管理工作，他们遇到失败的风险很小。

○**紫色：** 浪漫和感性的气场表现。这样的人多愁善感，性格内向，但是他的内心敏感细致。他往往能够控制内心的忧虑及伤感，不会轻易表露出来。他是那种将悲伤深埋心底的人，对最爱的人也不想全盘托出，只希望一个人默默地疗伤。对生活极有责任感。他们绝不允许自己去伤害别人，所以富有同情心，愿意最大限度地去帮助他人。对朋友两肋插刀，绝对值得信任，可以成为我们终生的挚友。可是这样的人都会有些神经质，做许多事情都不够理性。他们适合从事艺术类工作，一旦从商就很容易遭遇挫折。

○**黑色：** 忧郁的气场表现。黑色代表着忧伤和不确定，在你的感觉中，似乎所有的事情总是不如意，永远不能按着你自己向往的那样去说话和行事，因为到处都是厚厚的墙壁挡着"我"的去路，怎么也无法摆脱。在极悲观的黑色调的主导之下，若不及时改变，你的生活之路将越行越窄。因为你总是觉得环境太糟了，但你又不想向外界透露内心的真实想法。所以，黑色气场的人多患有程度不一的抑郁症，多数人的表现都比较轻，在外界看来，他们好像只是一个悲观主义者，其实这正是亚健康状态下的气场反应，若不调整将越来越严重，值得我们警惕！

○**红色**：坚强的气场表现。对任何事都无比乐观，精力充沛，感情丰富。他的性格外向，活泼异常，说话做事经常不假思索，极具进攻性和开放性。他在心理上总是准备好了向人进攻和与人论争。他敢于冒险，始终斗志昂扬，永远战斗到底。

○**绿色**：平和自然与健康的气场表现。当你处在绿色气场中时，心绪不容易烦乱，你会较少感觉到焦躁不安或抑郁忧愁，对生活充满了希望，保有乐观的情绪。在平和的状态中，你渴望事事美好，而且认为已经足够美好，不必抱怨什么。具备绿色气场的人往往是自然主义者，他们并不适合从事竞争激烈和需要积极进取的行业，因为他们更注重享受生活，很容易小富即安。

○**棕色**：欲望强大的气场表现。这类气场对于物质的敏感度极高，对生活和事业永远不会满足。一个棕色气场的人，他在吃、穿、住等方面的基本欲望非常强烈，他敢于为了名利去争取奋斗，而且凭着自己的本领，大多能得到实现；不过，正如同我们预料到的，追名逐利的气场通常会让人产生犯罪或不当获利的动机。只要能够达到目的，总有些人会铤而走险，他们不惜出卖朋友、背叛自己的团队也要达到目标。

请看下面的8种颜色，我建议你不要把它们与任何实物联系起来，你只需要把它们作为一种颜色来考虑，然后请你从自己最钟爱的颜色到不太喜欢的颜色按顺序排列。每一种颜色都代表一个重要的气场关键词。请你不要过多思考，在3分钟内完成这个测试，然后将自己的排序写在一张白纸上。

1. 灰色：谨慎
2. 蓝色：理性
3. 绿色：平和
4. 红色：坚定
5. 黄色：乐观
6. 紫色：浪漫
7. 黑色：忧郁
8. 棕色：欲望

现在我来剖解其中的秘密，在你的排列中，列在第一位和第二位的颜色通常代表你希望拥有但还未拥有的气场；在你的排列中第三位、第四位的颜色表示你现在所拥有的那一类气场；在你的排列中第五位和第六位的颜色，则预示着你试图掩盖的那部分气场；在你的排列中第七位和第八位的颜色，某种程度上代表着你根本没有意识到或者完全不存在的气场——它要么不存在，要么隐藏得很深。

对于气场颜色的测试，在我们的气场提升课程开始之前，有必要先针对自己的气场做一次全方位的检测。这其中就包括找到我们的性格弱点，建立内心的反思制度，懂得控制情绪，并针对不同的情绪做颜色选择题，以测试当前的气场。

　　在我们建立的由大学、公共关系培训中心及社区服务机构构成的三位一体的咨询体系中，我们设计了一系列简便易行的课程，其中就包括这些性格与气场颜色的测试，它们被统称为"气场训练"。我们旨在让每一个人都充满魅力，拥有强大且内外统一的气场，包括平易近人的风度、坚定的意志、坚持正确的人生方向以及坚守聪明而善良的内心。无论是发现别人还是判断自己的气场，这个伟大的过程都将从对我们自身的一系列真实的检测开始。

Part 2

气场的钥匙：
潜意识改变自我

◎ 打开气场之门
◎ 与我们的潜意识交谈
◎ 集中注意力
◎ 接受内心的指引
◎ 相信的力量：任何事情都是可能的

◎ 打开气场之门

没有什么比认识和调整我们的内心更加重要，否则学习再多的训练技巧也不过是舍本逐末。内在的心灵调整和外在的气场训练是一对双胞胎，这是我对你献上的真诚建议。

潜意识是气场之源

心理学家西格蒙德·弗洛伊德早在他的精神分析学理论中首先提出了潜意识的概念，这是在我们一般意识底下深深隐藏的一股强大无比的神秘力量。它既是属于我们体内管控程序的"右脑意识"和向外发散的"宇宙意识"，又是我们的气场之源。我称之为"一直存在但却被忽视的潜能量"，就像一块控制全身的能量石，它的动力深藏在我们的深层意识当中，时刻影响着我们的言行举止。

在内心深处，无所不在的潜意识不但汇集了你的遗传基因层面的信息，还囊括了最重要的本能与宇宙法则。你过去所得到的所有最好的生存情报都蕴藏在你的潜意识中，只要懂得开发和利用这股与生俱来的能力，你几乎没有实现不了的愿望，也没有无法执行的计划。当然，实现这一宏伟目标的前提是"你可以做到"而不只是"你想做到"。

每个人都拥有一个潜在意识的世界，它藏在我们体内，以超越三度空间的超高度空间的形式存在。在合适的力量激发下，人的潜意识一经开启，将和我们周边的环境、理想和计划以及他人的气场产生共鸣，让人目瞪口呆的奇迹马上就会出现。有一个词汇叫做Extra-Sensory Perception，没错，就是超感官知觉，在这种能量的控制主导下，一个全新的你将无所不能！

我们现在需要做的，就是正确地认识和激发潜意识，使其由内而外发生作用，促使我们的气场发生积极的连锁反应，最终改变人生。

奇迹从来都不是偶然的，正确释放体内潜意识的力量会激发强大气场的理论一直拥有科学的根据。对此，我们这些年来作过无数科学的测算和相关研究，如今，事实再次证明了这一点。维也纳大学的康士坦丁博士为我们作出了一个初步的估算，他认为，人类的脑神经细胞约有一千五百亿个，脑神经细胞在受到外部的刺激时会作出相应的反应，它长出芽，然后再长成枝，这就是神经元，与其他脑细胞结合，相互联络，促成了大脑联络网的发达，在我们的大脑内部开启了一张庞杂精密的信息电路网，帮助我们执行思考的功能。

然而遗憾的是，我们一般有95%以上的神经元一生都会处于没有使用的状态，它们就像在做着好梦，一直幽秘地沉睡。如果这些休眠的神

037

经元能够被唤醒，请相信，人人都可以变成思维超人，完成那些平时难以置信的壮举。

如果我们用一座冰山来比喻的话，在水面之上的部分就是属于显意识的范围，这是我们可见的气场，它约占一个人总意识的5%；现在你知道了，我们足有95%未激发的力量是隐藏在冰山底下的，这是多么宝贵的一股力量。

相信我，只要你不去想那些负面消极的事情，而是选择具有积极性、正面性、建设性的意念，运用我提供的方法深入自己的内心，打开未被开发的气场之源，让潜能量为气场加入强大的动能，你就可以左右自己的命运。

潜意识的10大特征

1. 一个科学事实是：我们体内蕴藏的潜能量无比巨大，可以达到显意识力量的3万倍以上。

2. 冲动性：潜意识最喜欢带感情色彩的信息，它极为感性。

3. 直接性和执行力：对欲望大声说出"我想要"，尽管你可能听不见它的敲门声，但潜意识对大脑的命令往往直来直去，不打折扣地执行。

4. 视觉敏感性：很容易受到图像的刺激，以最快的速度作出反应。

5. 平时很难觉察到，有时要通过催眠才能开发它，并且在无意识的状态下爆发力量。

6. 身心放松时，我们最容易进入潜意识。

7. **感染性**：某种强加的潜意识会固定下来，并扎根生长，成为一个人的显意识。

8. **主导性**：一切显意识都受到潜意识的支配，包括我们的气场。

9. **无穷的可能**：只要你想，潜意识可以为你提供一切能量支持。

10. **矛盾性**：我们的行为与潜意识的渴望总是矛盾的。

许多人受迫于外界的某种压力，通常会染上这种与压力息息相关、密不可分的潜在意识。当你感觉自己可能害怕黑夜时，你就对黑色开始过敏，慢慢地你一定会对夜晚的独处感到恐惧。但真相可能是不过刚看了一部吓人的吸血鬼电影，那些恐怖的画面刺激了你，让你一时间受到了强烈的震撼。这种外界强加的心理暗示渗透进了潜意识，就可能形成你的固定习惯——以后你会习惯性地怕黑，不想一个人待在黑夜里；你会经常打电话给老公或妻子，询问他（她）为什么还在加班，几点钟才能到家；你不敢待在客厅，因为你总是想象电视机里面会钻出一个长发披面的女人。所以你早早跑进卧室，把门关紧，并且盯着门口，这时的你已经完全被潜意识主宰了，因为你明明知道这很可笑，却改变不了自己因为恐惧而变形的气场。同样，当一个人的工作不顺利时，比如没有说服客户或在上司那里吃了一记"黑色的拳击"，心情沮丧地回到自己的座位，这时如果他的潜意识第一时间产生的是"我很无能"的焦躁心理，并作为一种心理暗示巩固下来，那他很可能真的从此无能起来，不敢再去找客户进行第二次谈判，对上司也不敢再提出同样的问题（或许上司只是为了锻炼他的意志而故意给他设置障碍），那他从此就丧失掉扭转局面的机会，成为一个平庸的人。

一位母亲由于莫名地烦躁，对孩子的不上进感到焦虑，经常打骂指责孩子，平时她喜欢对孩子说："你瞎了吗，这样的东西都看不见？"或者"你聋了吗，我讲的话你竟然都听不进去？"母亲在这里犯了一个致命的错误，她在痛打孩子肉体的过程中，不自觉地向他的心灵注入了潜意识，强加的心理暗示迅速地进入孩子内心。

我们可以预见的是：将来在这个孩子的视觉或听觉方面肯定会有心理障碍，或者是听不清音色，或者是看不全颜色。他的缺陷全是母亲给予的，无法变得优秀虽有他的责任，但更大的却是他母亲的责任。她不懂得保护孩子的潜意识——这个会影响人一生的终极气场之源。

气场的钥匙：暗示的巨大力量你不可不知

多年以前，莱恩曾经在南美寻找到一位有名的卦师。那个人就像隐没在民间的"上帝"，是南美的苍鹰之巫，在当地人口中，她具有传奇的力量，不但能够预言未来，而且百发百中。莱恩在阿根廷山区一栋安静的房子里找到了她，想请她帮忙算算自己的未来。

卦师看了他一眼，然后极为平静地告诉他："先生，你会损失掉一笔很大的财富，就在下个月，你要为此作好心理准备，接受这个不可改变的现实。"

莱恩大大地吃了一惊。他并不相信，因为他绝不是一个喜欢理财投资的人，几十年来他极其谨慎地守护着他的财产，生怕让那些可恶的资本家用各种金融产品捞了去，所以他连风险最小的基金都从来不买。下个月？这耸人听闻的预言也太快了点。我劝他不要理会卦师的预测，因为这更像一种诅咒式的心理暗示。

我清楚暗示的威力，知道这会造成什么后果，如果相信你就一定会掉进陷阱。所以我担心极了，希望莱恩千万不要上当，赶紧忘记这次无厘头的南美之旅。但他还是选择打电话给家里每个人，告诉他们这个不幸的预言。

"亲爱的，守好我们的钱，不要买股票、基金，不要听信任何投资顾问的诱惑。记住，保险也不要买了。"

"亲爱的，你怎么了？"他的妻子百思不解，但还是听从了他的建议。

回到美国之后，他去找了律师咨询投资方面的法律问题，还破天荒地开始关注股市新闻和财经要闻。他研究起了巴菲特、彼得·林奇，想看看他们这些投资高手在什么时候损失过一笔巨大的投资，然后可以从中吸取教训，希望做到完美无缺的防御。

我认为莱恩完全中招了，劝他不要相信这个说法："那只是一个玩笑，我的朋友。你要破解她的暗示，逃出她对你的心理束缚，就不要做任何事，像以前那样生活就可以了，你的钱不会跑掉一分一毫。"莱恩这时却反复跟我强调那个卦师的高深莫测，告诉我她在南美地区的影响力，就连阿根廷总统和夫人也找她占过卦。

"她很厉害，不是吗？她如果说谁倒霉，那个人一定好过不了。"

可以看得出，莱恩对此深信不疑了，而他的恐惧也溢于言表。我很遗憾自己的朋友也像所有人一样，被暗示的心理武器击败。不出我所料，也正是那个卦师所希望的，莱恩在次月损失了60万美元。

他果然中计了，但是过程却富有戏剧性。这个从不去金融市场冒险的人，几十年来没有做过任何风险投资，却因为卦师的一句戏言，在心理重压之下，尽管一再叮嘱他的妻子不要关注那些投资新闻，但他自己却防线崩溃，最后竟然真的拿出一笔钱不由自主地买了两只股票。他强烈地想验证一下卦师是不是骗子，还有了一种迫切想证明自己即便真的投资也不会损失掉一美分的心理。不幸的是，他买了两只垃圾股，业余的投资经验在这时又帮了他倒忙。当他脸色灰败地坐在我面前时，我相信他仍然不知道预言为什么会应验，自己成了一个彻头彻尾的倒霉蛋，一件再次"验证"那个卦师传奇能力的活生生的充满讽刺意味的现实主义作品。

很多人都听过类似的故事，害怕什么就偏偏发生了什么。这是一种神秘的力量，不是吗？我们总是无法摆脱心理暗示的巨大威力。有时它是积极的，可以让我们做成任何事，比如危急时刻接住从10楼掉下来的孩子（已经有很多母亲在世界各大新闻头条为我们现身说法）。但有时它又是破坏性的，把我们推入无底的深渊，比如觉得自己会倒霉，那他八成真的会摔个跟头。但是对这些神奇的力量本身而言，它们既不邪恶也并非不可控制。只不过莱恩自己允许了一个强大的消极暗示进入他的潜意识，是他自己击败了自己。在潜意识开启的一瞬间，他相信了南美卦师的力量，所以他对她的预言深信不疑，不经意间全盘接受了，最终为自己的生活导演了一个不幸的结果。

我们可以再来回顾一下这个故事，来了解一下一个人是怎样让潜意识发生作用并让他本来积极乐观的气场变为消极的。潜意识最大的一个特点是盲信，不管你相信的是对是错，接受到的信号是积极进取的还是极具破坏性的，潜意识都会立即接受并且遵照执行。当莱恩去见阿根廷女卦师的时候，他其实已经处在一种极易受到暗示影响的状态中。他是带着寻求暗示的目的去的，虽然为的是得到一种积极的结果。于是，当卦师给了他一个消极的暗示，他就立马完全接受了。

随后，莱恩恐惧不已，他不断地想到即将到来的财产损失——他甚至不知道自己会失去多少钱，是全部家财吗？难道我会流落街头，像破产的金融疯子们一样乞求人们的可怜？他把这事告诉了每一个人，还去咨询律师，研究股票。最后他的心理防线崩溃了，他采取了极端手段："我要亲自证明这只是一个荒唐的玩笑，我不会破产。只有买几只股票给她看看，我才能战胜她。"

为了战胜暗示，他失败了。

那个预言他会损失一大笔金钱的女卦师除了有几块包头的白布和一些木制的普通家具之外，其实什么力量也没有。她只是摆了一个小小的香炉，烧了几炷香，就将自己置于一种居高临下的氛围中，利用人们虔诚的心态以及潜意识的窗口打开的机会，成功地灌入了她的心理暗示。这种暗示本身并没有任何力量。如果莱恩知道自己大脑运作的规律，他就完全能抵制这种消极暗示，如此，女卦师的话对他来说也就不过是小儿科的骗术和一笑置之的过眼云烟罢了。

莱恩本来可以拒绝消极的暗示来伤害自己的，他有能力在积极暗示的主导下继续他精彩的人生，然而由于他并不足够了解潜意识的相关知识，放任来自外界的暗示击败了自己。对我来说，我的朋友以及工作中的合作者经历了一个气场由积极变得消极的过程，这个打击让莱恩的积极气场足有两个月才苏醒过来。

在我们内心的深处，暗示本身并没有任何影响力。倘若说这些心理暗示拥有任何力量，我想一定都是你自己给它的。积极或消极的潜意识总是在等待主人认可的机会，当你在精神上认同它，乐意接受它的建议时，这些思想就变成你自己的了，立刻就会产生巨大的作用。

◎ 与我们的潜意识交谈

如果能够准确定位我们的内心需求，知道潜意识的篮子里装的是什么，然后与它交换想法，形成内外相连的统一力量，你的气场将很快达到最强。我们可以通过一系列的正确方法，积极引导潜意识的良性作用，激发内心潜在的健康气场。

如何开发潜意识 ....

潜意识是处在我们气场源头的一种神奇力量，如何来训练开发和利用它？我提供以下几点供你们结合自身情况实施运用：

★潜意识开发第一步：开启潜意识的无限储蓄和记忆。

我们想建造一座高楼，只有图纸就可以做到吗？伟大的曼哈顿楼群耗费的基建材料是惊人的，绝不是一张图纸就可以完成。如果你没有储备好各种各样的建筑材料和装修材料以及设计知识、建筑技能，租用各种建筑机械，具备指挥管理技能，再美妙的图纸也只是一张毫无价值的白纸。对于一个追求成功与卓越气场的人来说，开启潜意识的无限空间，储备大量必需的基本知识和专业技能，才能在需要激发气场和达到目标时有充足的能量供应。

我告诉你，气场不是想有就有，梦想不是伸手就能摘来的，你要让自己的大脑更聪明，更有智慧，更富于创造性，更有现实性和可实现性，就必须给内心的潜意识输送更多的相关信息。

你还需要一些必要的辅助手段，让你的潜意识储蓄功能更有效率，比如有些重要资料你需要重复输入，强化记忆。在生活和工作中，你要建立看得见的信息资料库——分类保存图书、剪报、笔记、日记和公司的财务账单、工作计划，你甚至需要对自己的情人进行分类管理，才能从容摆脱可能的麻烦，就像约翰做的那样——我们并不赞成他将自己的气场应用在这些方面。

约翰在潜意识的储蓄功能方面，功课做得实在太积极了。他的工作之所以完成得出色，气场之所以从容不迫，皆有赖于他对内在意识和常用意识分门别类的储存。他张口就能说出两天后的早晨需要做什么，下午四点钟又将去哪儿约会，然后晚餐将和谁在一起，讨论什么话题。

"这都是从气场的提升中学来的经验，保罗，我要重谢你，因为你提醒了我。现在我的生活极其轻松，我甚至觉得自己年轻了七八岁，活力四射，处处都是待开发的美好生活。上帝，活着真好！"

显然，他将自己这方面的潜能开发到了极致。以前他的生活局促透了，就像一个只有30平方米的房间却堆满了几百吨的东西，没有他这个主人的立足之地。他完全不知道自己记下了什么，有哪些是他的积极习惯，哪些又该像扔垃圾一样立刻清除。只是一个强化记忆和分类管理，便帮他解决了几乎所有的难题。有些问题看着解决起来很困难，其实方法就是这么简单，只要你能像约翰一样主动打开"房门"，面对"房间"内的种种混乱和无序，看看它们给你的生活造成了多么大的困扰，你就会拥有改变现状的强大动力。

★潜意识开发第二步：训练我们对潜意识能量的控制力，使它帮助我们成功，而不是导向失败。

前面我说到，潜意识具有直接和强大的执行力，它是非不分，完全忠于主人的欲望，不管积极消极、好的坏的统统吸收，它常常跳过意识而直接去支配人的行为，或者在第一时间、你还没有意识到时便形成你的各种心态。如果你不能控制它，为它装上方向盘，它既会带给你积极的气场，也会将你导向消极甚至是毁灭。

你要训练自己，完全与内心对话，有效区分那些有益的潜意识和调皮的捣蛋鬼，激励对成功有所帮助的积极潜能，而对可能导致失败的消极的潜意识要加以严格控制，使它们始终不会跳出来给你的气场捣乱。

我把这个过程称为"潜意识拆分"，具体地说，你要发现潜意识中的积极因素，不断输入新的有利于它们成长壮大的信息，让这些积极的心态占据统治地位，成为内心最具优势的潜意识，甚至成为支配你的行为的直觉习惯和超感。当你具备这种良性的超感官第一反应时，你总能比别人更快地焕发斗志，摆脱低迷的生活，你能更有力地影响别人，发挥自己的领导力和人格魅力。

对一切消极失败的心态信息时刻进行控制，不要让它们随便进入我们的潜意识中。当你每天问自己本书开头提到的三个问题时，其实就在执行控制潜意识的任务。

当我们在审问内心的过程中遇到蠢蠢欲动的消极潜能时，可以采取两个办法加以控制：

1. 立即抑制，不要让它们污染和控制你大脑的思想，成为你内在气场和思维模式的主要构成分子。当我们在过去无意中吸收了一些消极失败的潜意识时，就像莱恩从阿根廷卦师那里得到的黑暗启示一样，它们会试图叩开并进入你的心灵，等待你的首肯。所以，请永远不要提起它，要采取有力措施积极遗忘，让它永远沉入潜意识的海底。

2. 审问并反思气场弱点，用成功积极的心态对失败消极的潜意识冲动进行分析性批判，争取做到化害为利，让最坏的暗示和冲动变成对我们最好的激励和帮助。

★**潜意识开发第三步：利用潜意识自动释放的思维能量创造我们的生活，改变气场，使实际问题得到解决，而不只是空想，并帮助你获得富有创造性的灵感，就像我们总能利用本能力量在这个世界创造奇迹一样。**

你要知道，我们的潜意识蕴藏着一些有意无意间串联感知与认知的信息，它并不被我们所察觉，但又真实存在；它能自动地排列组合分类，存储在记忆中，并且产生一些强大的新意念。所以通过努力而有效的训练，你可以成功地向它发送积极的指令，将你很难实现的梦想、所碰到的难题转化成清晰的指令，传输到潜意识中，然后你要放松下来，完全投入进去，等待它给你最好的答案。

当我在工作时，我经常会给自己反复下达这样的指令：我该如何帮助新的客户呢？还有什么重要的地方是我没有兼顾到的？怎样在洛杉矶让更多的人体验到通过与陌生人对话对气场提升的有益回报？当一位没有经验的人来到我们的培训机构时，我应该如何帮助他迈出改变自己的第一步？通过有意识的挖掘，我尽可能快地意识到自己的不足，并激发真正积极的因素，将工作加以改善。多年以来，这是我们团队始终保持高昂斗志的原因之一！

重复的思考和强力的信号会刺激潜意识的苏醒，所以有不少人冥思苦想某一问题，当时没有效果，但答案却出现在了晚上的睡梦中。这正是潜能替他们解决了难题，在无意识中发挥了内在力量的作用。或是在早晨醒来，在浴室洗澡时，在唐人街的闹市走路时，我们会突然从大脑蹦出了答案或者灵感。因此我们要随时备有纸和笔，记下这些突然而来的灵感，让它们在思考的土壤中开花结果，而不是只闪耀了一瞬间就随风而去，成为大脑中的过客。

好莱坞的编剧科奇先生就是这么做的。他随时都备有一本记事簿，在任何地方思考问题，一旦灵感从潜意识中喷发出来，便立刻拿出本子记下——不管当时在干什么，然后回去进行深入思考和精密的再创造。他在路上构建精美的故事之源，不放过这些思维的火花和看似完全可以娱乐不必操劳工作的时间，将它们充分利用，而这使他成了产量极大的优秀电影编剧。

★**潜意识开发第四步：你需要不断地展开想象、自我确认和自我暗示。**

我希望所有的人都铭记一点：虽然成功并不是那么容易到来，但我们仍然需要假设自己一定会成功，而且绝对不会失败。当你想赚钱时，你就要告诉自己的内心，"我很有钱，我一定会很有钱，达到自己的赢利目标"，并构建有效的经营管理这项生意的美好前景。相信我，你一定会按照这个路线勇敢地前进，并尽快适应这样的节奏，因为你已经完成了与潜意识的交谈和沟通，内心的力量完全站到正确的阵营，充满激情地支持你。

当你想要让自己在IBM公司的销售业绩提升时，你就告诉自己：我下季度的电脑销售业绩会不断地提升，一定会不断地提升，只要我按照正确的思路去做，客户都会关注到我的产品。那些竞争对手算什么呢？他们的思路其实没什么新鲜的，我只要专注一些，就能打败他们，我还可以做出比他们更棒的销售计划！

在保持专注度的前提下，经由你反复地练习和输入，当你的潜意识成功接受指令的时候，你所有的思想和行为都会配合这样一个想法，朝着你的目标前进，直到你达成伟大的目标为止。在此过程中，你会尊敬对方的优秀，并产生强烈的赶超意识，与他一较高下的想法始终会鼓励你前进。

在美国，很多人都在尝试这样的方法，最后有些人告诉我："保罗，我没有看到明显的效果，这是为什么？"这并不奇怪，因为太多的人勉强尝试的时候总是抱着功利的需求，没有完全进入自身气场的内部，找到真正的潜意识。他们似乎走错了门，将自己并不需要的欲望强加进了潜意识，目的不过是完成一次半信半疑的试验。还有些心浮气躁的人，他们的努力太少了，他们重复的次数不够多，只是浅尝辄止，只试了一两次便大叫没有作用，委屈得像那些在股市暴涨时冲进去想捞一把的投机客。生活中是不是经常见到这样的人呢？做什么都三心二意，难以持续地保持注意力，进行坚定地尝试，最后还会责怪这是一场"骗局"，好像不是他搞砸了自己的理想，而是这个星球上任何一个与他自己无关的事物。

影响我们潜意识开发的关键，就是你要不断地重复，直到撞开心灵的大门，与潜意识共同确认目标。如此，你的理想终究会实现，不至于最后把糟糕的结果归咎于客观因素。

★潜意识开发第五步：请相信吸引力法则的神奇力量。

朗达·拜恩在他的《秘密》中已经告诉我们一个关于气场的普及性法则：振动频率相同的东西，一定会互相吸引而且引起共鸣。当你的理想与周围的环境发生共振时，恰巧你的内心也向积极的力量发出了召唤，你就会爆发出无比强大的气场和能量。

你要知道，我们的意念和思想都是有能量的，脑电波的频率和振动会影响其他一切积极或消极的东西。人的大脑就是这个世界上最强的"磁铁"，在恰当的刺激和激励下，一定会发散出比任何东西都还要强的吸力，对整个宇宙发出呼唤，把与你的思维振动频率相同的东西吸引过来，让它们聚拢在你的身边，让你无比强大。

当你相信内心的吸引力时，神奇的一幕就会出现！没有什么比我们内在的欲望更有力量，当你强烈渴望某一件事物时，它一定会在一个恰当的时机出现。所以，无论事情是将成功还是注定失败，现在就请给自己的全身刻上"相信"的信念！因为它至少可以让你将事情做到最好！

激发潜意识的力量

当我们要激发身体的潜能时，就需要运用潜意识。这是世界公认的气场法则，在这里我告诉你：

1. 潜意识总是会依照我们心中所想的画面来构成真实的事物。因为我们的潜意识无法分辨事情是真还是假，欲望是积极的还是消极的，一旦被它接受，就一定会变成事实，成为一项即将开始执行的计划。所以你只要有明确的画面进入潜意识，你的内心立即会想尽办法把这个画面转为事实。看，你需要给予潜意识一个积极的画面，然后它就会将之实质化，释放出强大的力量。

2. 我们当前生活中的一切，展现给外界的全部气场，在某种程度上都是我们内心的真实反映。内心种种的思想和观念，造就了现在的你。无论你是成功还是失败，是正在突破还是处于迷茫中，如果你的未来要有所不同，一定要从现在就改变你的潜意识。采取正确的方法，立刻开始，不要再有任何犹豫了。

我发现大部分的人都只生活在自己的外部世界，忽视对潜意识的激发，认识不到内心的开发对于气场改善的积极作用，只有那些受到启迪和正确训练的人才会非常关注内部世界，并能找到合适的渠道与内心进行有效的对话。

当你准备激发自己的气场时，首先请明白这个道理：我们人生唯一的创造力产生于你的内部世界，不管是有意识的还是无意识的。我们的意识和潜意识会相互作用。为了改变外部条件，树立独特的气场和优秀的人格魅力，你首先要改变自己的内部世界。

在前来参加我们的课程培训的人中，许多人都只是在盲目地改变周围的条件和环境。他们没有搞清楚为什么自己的生活会产生迷惑、匮乏和其他对于各种积极愿望的限制，他们不知道应该向自己的内部世界追寻原因。当他们抱怨上司、同事以及家人时，他们不清楚完全是因为自己才搞到了今天这种无法理解的局面。

亲爱的读者，请牢记我的忠告：

你正生活在一个精彩和丰富的世界里。你的潜意识对你的思想和欲望非常敏感。通常，你的思想会先产生一个理想"模型"，然后你内心中的无穷智慧和活力就会铸造它，你应该学会并且可以操作和运用激发潜能的心理规律。

我们都有一个心灵和气场之源，它端坐于内心，当你知道如何使用它时，你的习惯性思维就会成功地渗入到你的潜意识层，和创造一切的原动力结合起来，为你带来不可思议的改变。它可以是好的，也可以是坏的，但通常会不好不坏，让你成为一个平庸的人。

更为重要的是，我们的潜意识是你我情感的发源地，是气场法则起作用的根本原因。如果你想的都是好事情，全世界的好事就会来找你；如果你想的是坏事，所有你能想象到的糟糕的坏事情就会跑来找你的麻烦。

这就是我们内在潜能的工作方式，也是气场的形成理论。

就像我告诉摩根大通的迷失者艾伦先生的："一旦你的潜意识接受了一个想法，它就开始执行，不管是好的还是坏的。我们的潜意识既执行好的想法，也执行坏的想法。你要是消极地使用这一规律，你就会一直沉溺在工作的痛苦中无法自拔，不清楚从事的职业会给你带来什么样的价值，它会让你始终沮丧、失败和不幸。如果你习惯的思维方式是具有建设性的，开始向着内心的纯真理想前进，调整当前的生活状态，那你就会经历健康、成功和一切美好的事情。艾伦，你何不马上作出选择呢？"

艾伦恢复了心情的平静，他遵从了内心的选择，找到了"对的指令"，成功地调整了自己的行业，恢复了良好和健康的气场，再次成为一个深受自己和朋友欢迎的人。

让潜意识立刻执行我们积极的想法，这是激发潜能的目的。尽管这并不容易，当你做到这一点时，内心的潜意识就会利用以往所有的经验和储存起来的星星点点的知识，在强大气场的引导下，萌生出无穷的力量和智慧。

于是，解决问题的终端程序开始了，它会将所有的知识和信息都加以总结和利用，帮助你渡过难关，展示魅力。尽管时间有长有短，可能需要一个漫长的过程，但最终，你会得到足够丰厚的回报！

气场与潜意识的区别

人的气场通常是可以改变的，而且始终在变化，我们已经确信了这一原则。积极的可以转化为消极的，而失败的气场也可以得到扭转。比如，通过良好的形象设计和训练，我们能对自身气场进行一定的控制。但内心的潜意识却是不受控制的，它就像心脏的跳动、消化系统的运作、血液的循环以及呼吸等。它们不可改变，不得干涉，都是潜意识在自主发挥作用。

作为气场之源，潜意识不可推理，也不可能同我们外在的气场进行争论。它就如同一片优良的土壤，而行为意识就如同种子。错误的欲望一旦被激发，只能在这里长出灾难的果实。这是我们重复许多次的认识，潜意识不能区别好坏，气场却可以进行区分。就像你认为某事是真的，已经发生了一些自己期待或讨厌的结果，尽管可能是假的，但潜意识也会接受它为已然存在的事实。

心理学家们作过大量的实验，向我们表明了这两者之间的差异：

我们随时都能体会到自身的气场是好是坏，并且可以作出及时的调整，这是气场的可控性。但潜意识却不同，实验表明，人在催眠状态下，潜意识对所有指示和暗示都会接受，哪怕是错误到极端的暗示，而且一旦接受后，人就会作出相应的反应。有一位催眠医师作了一个大胆的实验，他对实验者在催眠状态下暗示他是某某人、一只猫或者一条狗，该实验人都能作出相应的反应，比如他会发出猫和狗的叫声，模仿那一个人怪声怪气地说话，全身的反应都让人大吃一惊。这与心理暗示起到的效果是相同的。

在纽约，我曾经亲自参观了一项实验的过程。熟练的催眠医师在受试者进入休眠状态后，分别向他们暗示：你的背部要发痒了，你的鼻子已经流血了！嘿，你现在被冻起来了，温度在零摄氏度以下，真是好冷的天气啊……我们惊奇地发现，受试者作出的反应均与医师暗示的内容有关。比如他会伸手去激烈地挠背，像掏出手帕一样用手捂住自己的鼻子试图阻止它继续流血，他缩成一团显得瑟瑟发抖，甚至大声地告诉我们："我很冷，冷极了，先生，我需要一件棉衣！请马上给我！"

　　非人格化的潜意识与人格化的气场之间的差别是如此巨大，让人很难想象它们其实是一体的。因此，训练我们作出有意识选择的能力，比如将正确的想法灌输进潜意识的深层记忆库，对我们塑造良好的气场是极为重要的。只有选择正确，你的内心才能充满快乐，气场才始终积极迷人，在公共关系的处理中处于一个旁人无法企及的高端位置，达到我们希望达到的效果。

　　气场是潜意识的外在表现，我们的内心通过反馈一系列的指令，通过言谈举止将我们的气场颜色和形状展示出来。而在内心深处，我们的潜意识却一直在通过直觉工作。它是记忆的仓库。即便一个人不言不行，始终处于停止活动的状态，潜意识也一直在发挥作用，甚至可能是最为活跃的时候。

　　所以，潜意识在观察事物时，它不需要使用视觉官能，因为它有着超人的视力和超人的听力。我们的潜意识可以离开身体，飘离到遥远的地方，去独自了解这个世界，乃至透视宇宙。你相信吗，它带回来的信息往往很真实很准确，这是一种奇特而又强大的能量。人类神奇的梦境体验可以向我们证明这一点！

　　当你的气场成功地与潜意识连通时，你就能通过主观心理读懂别人的心思，认清对方的气场。你不需要交流就可以理解别人，并对你和他气场的优劣作出判断，找到对方的弱点，看清自身的劣势，然后发现你需要提高的地方。

请相信，你对潜意识的开发使用，会深深影响你的气场。如果你给它的是个错误的建议，它也会接受，并产生相应的结果。过去在你生活中所发生的一切事情，你的气场如何，都基于你潜意识中的想法和决定，是你内心信仰的结果。

当你发现过去自己一直传递的是某些严重损害气场的错误观念，现在想把它改过来，你可以不断地重复一些有积极意义的强力思想，你的潜意识就会重新接受新的思维习惯。要时刻牢记它是你习惯生成的基地，也是气场孕育的源泉。

即便目前你已经深陷于对生活的恐惧、工作的担忧和一些不可理喻的想法之中，你的气场散乱无神，对现实失去了信心，要想改变也并不困难。我们的潜意识是万能的，请马上向它发布命令，让它接受自由、幸福和健康的想法，很快你就会拥有自由、幸福和健康的气场！

与潜意识交谈从而改善气场

当你开始关注内在心灵的作用时，你会发现，在我们的思想覆盖之下，潜意识通过接受外界的8种刺激驱动它的工作，最终将产生的信号输送出来并形成一个人终极的气场。我称之为"潜意识与外界的交谈"。

这8大交谈方式分别是：

1. 欲望：获取的渴望，包括金钱、事业、成就感与性需求
2. 音乐：声乐的刺激和共鸣

3. 情感：亲情、友情及爱情

4. 交换：物质及情感交换

5. 压力：被强迫或必须做某些事的折磨、苦难以及困惑

6. 暗示：自我与外界加诸的各种心理暗示

7. 恐惧：害怕和忧虑

8. 神经刺激：物质和信息的各种刺激

打开潜意识的钥匙就像一种功能植入，它具备"具体描摹并且信以为真"的功能。当无条件的信任和执行力结合了有意识的思想时，人的内在潜能立即受其引动，将之转化为精神上的对等力量，开启一系列的连锁反应。

科学家们已经发现，信心、爱和性对我们的刺激，是所有的正面情绪中最有力的三者。当它们融合为一体时，可以达到立即"显化"我们思想的效果，同时到达潜意识，在我们的内心发挥作用，并体现于气场，再反馈给我们身边的人。

当与潜意识进行交谈时，我们如何才能发挥它的巨大作用，并增加原来的气场呢？下面的这些建议也许会对你有所帮助。

1. 让美好的记忆按照一定的顺序储存

现在，请开始区分暂时记忆和长时记忆。当客户在电话中让你记下某些号码或数据时，你强行记住的这一串数字也许很快就会被遗忘，因为这个记忆是暂时记忆。当美好的事情在你眼前发生，并能对你提供有

益的激励时，不管它是一份商业信息还是生活瞬间，你都应该将它们从暂时记忆转化为长时记忆，并且按照顺序储存起来。比如，你需要在身边常备卡片，以记下重要的信息，不要只是拿耳朵来当记忆工具。你还有必要建立相册或家庭日志，将那些幸福时光永久固定。相信我，你会在情绪低落时需要它们的。

2. 尽量避免思考的情绪化和潜能的冲动性

潜意识与外界的交谈，往往带有不假思索的本能反应。比如狂喜、愤怒、悲伤，如果不加抑制，它会喷薄而出。一个不会控制情绪的人，他与外界的交谈不受约束，气场便不会稳定。记住，不要让真实的内心世界袒露于空气中。情绪化的气场不只会伤害别人，最终会反噬自身。一个懂得自我保护和适时宣泄负面能量的人，才能够平衡自己的内心世界，让潜意识与气场形成良性互动。

3. 以最快的速度让负面情绪成为永久删除的记忆

你所形成的负面情绪在未被释放前，仍然会被存储在记忆中，而且有时对我们的刺激比积极情绪更加强烈。它会产生痛苦、失落以及悲观消极的气场。强者总能及时地按下不可恢复的删除键，当然是在吸取必要的教训之后，将负面情绪彻底清除，使它不会影响到自己的现在和未来。弱者却任由它宰割，无法摆脱这些消极气场的控制。这样的人总是沉溺于失败的过去，很难从阴影中走出来。他们当然也渴望成功，但却只能眼含泪水蹲在失败的泥潭中，任由灰色的情绪和毁坏健康的因子在身上扎根生长。

4. 积极地利用本能，激发潜在的"超能量"

释放被压抑的力量，利用内心的本能反应，在困难看似无法解决时，爆发出难以置信的意志力。总有些人能够做到，完成那些让人目瞪口呆的奇迹。是的，也许所有的人都认为你完蛋了，这辈子不可能再爬起来了。这是外界对你的印象，也是对你内在潜能的刺激，你为什么不能用一个最好的结果和最大的奇迹证明给他们看呢？任何事物都有其正面积极的意义，问题就在于你愿意看到事物的哪一面。

5. 对于长期计划不断重复记忆以加强执行的效果

我们已经知道，如果一种信息对潜意识反复刺激，将最终被潜意识接受，纳入我们的做事气场，形成执行力。有一个统计结果表明，当一种信息被重复了30次以后，就会被潜意识所接受，承认它为既定事实。因此，我们要做的不是重申一个计划的伟大，而是确信你已经真正完全地接受它——使它成为你内心至高无上的理想。

6. 寻求更多的满足感，从而强制自己去不停地证明自身价值

积极气场的价值就在于不断地自我超越和自我完善，"我还可以更优秀，一定是这样的"。现在的这点成就又算什么呢？在努力的过程中，你会将自己的工作和生活模型变得更加高效和完善。这也就是成功者可以继续成功，而大多数的失败者只能继续失败的原因了。气场的良性循环与恶性循环总是相对应的，它们也是一对不可分割又互相打架的双胞胎兄弟！

7. 将每件积极的事件都看成与自己有关

自觉地感受积极事件的影响，使它对自己的气场产生作用。当朋友取得成功时，你应该想，啊，这真令我高兴，我不但应该祝贺他，还需要向他学习经验。这也是你的成功，不是吗？因为他的故事会给你提供难得的参考。成功者从不介意向他人学习更多，只有愚蠢和自卑的气场才会排斥和嫉妒同伴的成就。

8. 学会采用阻力最少的途径和最简单快捷的原则去思考和执行

潜能量的运作方式难以完全控制，但我们至少能做到在显意识的层面减少内心思考的阻力。当你思考和做事时总能习惯性地采取距离最短的那条路，你会发现生活的效率越来越高，就像早晨一睁眼就看到了美味的早餐端到了面前一样。

9. 不要经常对自己使用否定性的词汇

一位客户对我说："我该怎么办？每当我想做一件事时，我就会劝阻自己，不要去想那些不可能在我身上发生的好事，因为你实在是不行！我想，是否因为对手太强大了？我对自身拥有的资源不够自信，无法证明足以在公关竞争中击败对手，我和我的公司都做不到。"

这是人们在公关行动中常见的思维困局，事情的困难也许超乎想象，但潜意识的接受方式却是"来者不拒"。你否定自己时，它也会跟着否定自己，从而出现集体的自我否定，即便这是一个强大的团队，也会随之信心动摇。它会无所适从，让你们每个人的气场都变得毫无自信，失去光彩。

行与不行的用词最直接的作用，就是界定了某一种状态：我是向前走还是缩回去。这样的最终判断一定会对你的气场产生决定性的影响。

因此，就算有些事你确实不行，也要尽量避免直接对自己说"不行"。我们可以换一种方式，比如："我可以完成这件事，但现在的准备还不够充分，再等两天就好了。""如果我有好的机会，得到上司和同事充分的支持，就一定能把它完成得很好，所以我要争取最好的条件！"

◎ 集中注意力

注意力是一个人气场的方向和动力，也是打开我们潜能量的一把钥匙。这是无可置疑的。集中注意力的训练我们随时都可以进行，在凝聚气场能量时，我们必须保持高度的注意力，否则既引不起自我的关注，也无法催促自己去有效地关注一件事。这是一个人进行感知、记忆、思维等认识活动的基本条件。在气场的提升过程中，注意力是打开我们心灵的门户，而且是唯一的门户。

请相信这一点，这扇门开得越大，你能得到的东西就会越多。而一旦注意力涣散或者无法集中，心灵的门户就关闭了，一切有用的信息都将无法进入，外在气场与内心潜意识便是隔绝不通的，你将永远无法释放潜能量，气场不会产生任何积极的变化，就像我们在跟陌生人打交道时一样，许多人往往心存杂念，几秒钟的时间内思考了过多无关的问题，比如接下来我还需要做什么，万一无法说服对方怎么办？我是不是该重新考虑一下这个决定呢？然后他们还不清楚怎么回事，就稀里糊涂真的失败了。

法国的生物学家乔治·居维叶从另一个角度告诉了我们优秀人物之所以优秀的原因。他说："天才，首先是注意力。"我们与其说那些优秀的科学家们成功于自身的天赋，还不如把他们放上注意力集中度的排行榜。

注意力集中是我们成功的翅膀，同时也是我们气场稳定的双翼。它使我们的心理活动集中能量朝向某一事物，有选择地接受某些有用的信息，从而抑制其他不必要的活动和无效信息，并集中全部的潜能量，达到最佳的思考效果。当一个人思考和做事出现注意力障碍时，主要表现为他无法将心理活动指向某一具体的事物，或者无法将全部的精力集中过来。大脑思考A时，同时还在兼顾B或C。造成这种情况的原因不管多么复杂，都可以通过调整和训练加以解决。

第一阶段

在注意力训练的第一阶段，可以采取如下方法。

1. 养成良好的睡眠习惯

许多人的工作负担重，因此一到晚上便贪黑熬夜，就像一只永远不需要睡眠的小动物，尽情地透支有限的精力。他每到晚上便精神起来，即便没有紧急的工作或应酬，也会泡酒吧或打开电脑上网，找多年的朋友聊天，在你一句我一句中打发深夜无聊的时光。白天他总不能按时起床，即便勉强起来，头脑也是昏沉沉的，从早晨到傍晚一直打不起精神。作息不规律，必然注意力无法集中，导致气场枯竭，效率低下。

所以，集中注意力的第一步就是必须按时作息，改掉那种总是昼伏夜出的坏习惯。

2. 学会迅速地自我减压

"在你的生命中，没有任何必须完成的任务。"我告诉斯蒂芬太太。作为家庭主妇，她丈夫对她的要求太高了，每件事都要求她做到完美，为她树立了极高的标杆，比如穿衣、做家务甚至开车的姿势、说话的语调和方式，用一杆苛刻的标尺无时无刻不在对她丈量，这使她承受了极大的压力。当她跑来诉苦时，我从她脸上看到的是无法忍受但又必须扛过去的沉重包袱。

自我加压的结果必然是不堪重负，气场变得疲惫、紧张和烦躁，心理上难以获得片刻的宁静。压力太大时，人的注意力就会分散，潜意识会自动帮你逃避眼前的事情，使你陷入一种自我麻醉的状态。如此一来，不会有什么事情是可以顺利做好且不受责难的。

3. 多做有效的放松训练

选择合适的时间，放下手头的工作，舒适地坐在椅子上或躺在床上，然后向身体的各个部位传递强烈的要求它们休息的信息。让潜意识放松，气场收敛，将烦心的工作扔到一旁。现在，是休息的时间了，完全不要考虑上司的催促和客户的牢骚。

放松训练应先从左脚开始，我们先使脚部的肌肉绷紧，然后松弛，同时暗示它休息，随后命令脚脖子、小腿、膝盖、大腿一直到躯干部位休息。之后，再从右脚到躯干，然后从左右手放松到躯干。这时，再从躯干开始到颈部、头部、脸部全部放松。这种放松训练的技术，我们需要反复的练习才能较好地掌握。而一旦你掌握了这种技术，它会使你在短短的几分钟内，达到轻松平静的状态。等你站起身坐到办公桌或者客户面前，你会感到焕然一新，就像服下了灵丹妙药。

4. 集中注意力的特殊训练

严格训练自己集中注意力，可以采用一些数学游戏。我在这里向你介绍一种在心理学中用来锻炼注意力的小游戏：在一张有25个小方格的表中，我们将1至25的数字打乱顺序，填写在里面，然后以最快的速度从1数到25，一定要边读边指出，同时计算时间，给自己列出成绩表。

研究表明：7岁至8岁的儿童按照顺序寻找每张图表上的数字的时间是30秒至50秒，平均数值是40秒至42秒；正常的成年人看一张图表的时间则是25秒至30秒，有些人可以缩短到十几秒，这是最好的成绩。时间越短，说明注意力越集中。你可以多做几张这样的训练表，坚持每天训练一遍，注意力水平一定会逐步提高。

第二阶段

在注意力提升的第二阶段，我建议人们结合潜意识，进行内在的自我激发。

1. 运用积极目标的力量

当你给自己设定了一个要自觉地提高注意力和专注力的目标时，你就会发现，自己已经在最短的时间内达到了一半的效果，因为你的潜能已经跃跃欲试，气场随之发生了显著的积极变化，这便是目标的伟大作用。

我们要设定一个目标，就是从现在开始提醒自己，我要比过去更善于集中注意力。不论做任何事情，一旦进入，我必须能够迅速地不受干扰，将全部能量释放到该事项上，不会半路跑到别的"房间"去关注其他。这是非常重要的。比如我们可以在今天对自己提出一个要求：我要在注意力高度集中的情况下，将一本书的主要内容全都读完，并且写出一篇读后感。在此期间，我要拒绝被那些邀请我去参加其他活动的电话"征服"。当你有了这样一个训练目标时，你的注意力本身就会高度集中，你就会有很大的可能性排除那些平时难以击败的干扰。

如果一个人的精力漫无目标地散落在一片广阔的空间，到处都是应该做的事情，而你却找不到最该做的第一选项，那么你将永远是一个失败的人。当你在任何时候都能将自己的精力集中起来的时候，你就拥有了一个成功者的必备品质。而要培养这种品质，第一个方法就是要设定这样的目标。训练注意力，请先对这个目标集中精力！认真专注地去做一件最值得做的事！这是你送给自己最好的礼物。

2. 培养专心做一件事的习惯

在此基础上，你才能给自己设置很多的训练科目、训练方式和训练手段。你就会在很短的时间内，甚至完全有可能通过短短几天的自我训练，发现自己已经和那些伟大的成功者一样，拥有了令人称赞的将注意力迅速集中的能力。

我们在休息时可以散漫自在，可一旦开始做一件事情，就应该迅速集中自己的注意力，这是一个凝聚气场和集中火力的优秀技能。专心做一件事，这是最简单的一个要求，你能做到吗？当你洗碗时，就专心地洗碗，不要去关注旁边的瓶子里面到底装了多少番茄酱。如果你不能具备这样的素质，你就很难成为一个值得信任的可以专心做事的人。

3. 保护对专心的自信

请千万不要受到自己和他人的不良暗示。当有人批评你"注意力不集中，做事不专心"时，如果你自己也这么认为并虔诚地点头称是，你很可能会真的患上"注意力分散症"，尽管实际情况并非如此。

你要有足够的自信，哪怕有些自信是错误的。无论因为不专心犯了多大的错误，你都要把它看成是一次"意外事故"。"我可以集中所有的精神，这些事情是我能够做好的。刚才我不过是打了一个盹儿，现在，好戏开始了！"一个自信的你才能战胜不良的心理暗示，当你拥有对专心的自信时，你就能以非常小的代价弥补与那些真正优秀者之间的差距。至少，你不会在气场上输给他们。排除干扰，你肯定可以做到高度的注意力集中。经过这样的训练，我相信你的注意力和气场能够产生一次质的飞跃。

4. 不断排除外界干扰

排除干扰是我们战胜心理暗示的过程，很多人为了达到这一目的，会有意识地在喧闹的环境中做事。这既是控制潜能的手段，也是为了训练自己的抗干扰能力。一些优秀的军事家在炮火连天的情况下，依然能够非常沉着和注意力高度集中地在指挥中心作出判断并下达指令，子弹飞啸而过，炮弹在身边炸响，泥沙四溅，对他来说不过是远在天边的浮云，根本不影响他正在做的思考。这种抗拒不利环境干扰的能力，需要经过严格的训练和与不良暗示的对抗才能获得。

不要以为心理暗示无法击败，莱恩之所以出现那样的悲剧，是因为他没有经过刻意的训练和作好充足的思想准备。外界的干扰时刻都会存在，我们唯一能做的就是对抗和训练，保持注意力，并为自己的气场披上一件质量过关的"防弹衣"。

5. 训练排除内心的干扰

内心的干扰来自我们本就存在的不良欲望，你可能总是想在紧要关头放纵自己，逃避那些枯燥的工作。尽管你只是嫌弃数据表的无趣、办公室色彩的单调、同事的无聊，想跑到一边喝杯咖啡，听着音乐自娱自乐，但后果却可能是延误工作进度，错过一笔重要的业务甚至是得罪上司和客户。通常来讲，内心的干扰比环境的干扰更为严重。在对气场的破坏因素中，外因总是无法敌过内因。

所以请一定要克服它们，而这个能力是必须要训练的。比如在你想偷懒时，你要及时警告自己：嘿，汉姆，如果你就是想浑浑噩噩、糊糊涂涂、庸庸碌碌过一生，乃至到了三十岁还要靠父母养活，或者你就是想混过一生，那你就可以不用训练这个了！现在就去疯狂地纵欲吧，像堆食品工厂的垃圾一样被人遗忘，连美丽的妻子也想跟你离婚！但是如果你确实想做一个让自己很满意的气场强大的人，你就要给我瞪起眼来，别再想入非非了！

每当纠正自己一次，你就进了一大步，朝着正确的目标再一次靠近。

6. 聪明地处理工作与休息

你千万不要以为我们可以一天12个小时工作，12个小时完全放松，这样的完美生活永远不会出现。当工作和休息的节奏无法分明，总处在过度疲劳与过度放松的循环中时，你很难将精力集中起来。正确的态度是按照我们身体的规律安排做事与放松的节奏。比如我会从现在开始，集中一小时的精力，将手头的两件事情分别安排好，然后我将约莱恩去郊外打两个小时的高尔夫。当时钟准确地走到下午五点时，我会从高尔夫球场直接去拜访一位重要的人物，以最佳的精神状态去跟他进行一次深入的交谈。无论休息还是工作，时刻都保持最好的投入度，这是我的原则。多年以来一直如此，即便有时做得不好，也会及时进行调整，不会让疲劳的气场在我的工作中滞留太长时间。

你一定要训练这个能力。请永远不要为了看似紧迫的工作连续熬时间，在写字楼待到深夜两三点，然后像被吸血鬼抽干一样昏昏沉沉地回家。请永远不要用放松过度的怠懒折磨自己，在踩不住刹车的放松中错失宝贵的时间。

7. 为自己常备一处清静优雅的空间

方法非常简单，无论在家还是在公司，请将桌上或房间内与你此时的生活无关的书籍和物品尽可能全部放到看不到的地方，有序地摆放起来。在你的视野中，只放上你现在需要的重点物品。这种空间上的处理，是训练自己注意力集中的最初阶段，也是奏效最快的一种必要手段。

我们经常碰到这样的场面，你坐在办公桌前，正想统计一下财务账单，却发现了一张过期的报纸，上面有些耸人听闻的新闻，比如大学校园的枪击案，阿富汗的反恐战斗又死了多少美军士兵，日本的核危机到底怎么样了。你禁不住开始翻看，看了半天才反应过来我当前要紧的任务是什么，上司规定的时间早就过了一大半。或者你躺在床上，本来想看一部等待很久的电视剧，结果身边一本不错的小说吸引了你。虽然这本书你早就看过了，但还是忍不住拿起来重新阅读一些精彩的章节。当你醒过神来急忙拿起遥控器时，那部你初次欣赏的电视剧早已经演完了，电视屏幕上正在播放让人哈哈大笑的广告。

因此，在训练自己注意力的最初阶段，在我们做一件事情之前，首先要清除与此事无关的全部东西。然后，你要使自己迅速地进入主题。如果你能够做到在一分钟之内没有任何杂念，迅速进入主题，你将非常了不起。如果你半分钟就能进入主题，就更加了不起。相信我，我这些年来很少看到可以在半分钟内完全进入某种专一状态的人。当你面对一件事马上进入状态，并且对与此无关的全部内容置若罔闻时，你所体现的就是思考的高效率和纯正的气场。

8. 训练定期清理大脑

大脑的空间同样需要定期清理，将垃圾信息和无用的存储格式化。人的大脑里堆放着很多东西，有些已经过期了但还是整天在你的眼前晃悠，影响你处理当前最要紧的信息，分散你的注意力。所以你需要给自己设定一个固定的时间，每隔一段时间，就要将在自己心头浮光掠影活动着的各种无关的情绪、思绪和信息删除掉，只在大脑中留下现在要进行的科目，就像定期收拾你的房间和办公桌一样。

这样的训练，我希望你从今天开始就做，它并不困难。当你将思想中所有的杂念都清理掉的时候，只需要一瞬间你就进入了专一的状态，注意力就能充分地集中起来，你会感觉到自己是多么富有才智和创造力！否则你即便思考十分钟，也依然毫无头绪，庞杂的信息让你无谓地浪费掉宝贵的十分钟，思考的效率极为低下，更谈不上集中气场、调动内在的潜能量了！

9. 强化感官的注意力

我们可以进行视觉、听觉和感觉方面的类似训练。身体感官的注意力处在气场的第一线，它又是与潜意识对话的最具显性成效的方式。我们可以训练自己在一段时间内盯视一个目标，而不被其他的图像所干扰。我们也可以训练在一段时间内虽然有万千种声音在耳边回荡，但是却只集中聆听一种声音。这种感觉上的专心训练是进行注意力训练的非常有用的技术手段。在魅力训练的课堂上，我们不止一次给参与者提供充分的工具，让他们频繁重复地体验到感官注意力集中的好处，以便提高他们的公关效率，增强他们自身的气场！

10. 不在麻烦上停留太长时间

你还会意识到，当你探究自己感兴趣的事物时，比较容易集中注意力。比如说你喜欢音乐，看到乐谱和钢琴就比较容易集中精力，调动气场；反之，如果你讨厌股票或者汽车，你看到证券业的广告牌和福特汽车的推销员就会心生厌倦，根本提不起任何兴致，一定会注意力分散。

在这种情况下，我们就有了正反两方面的对策。第一，尽可能去思考自己感兴趣的话题，就像我们鼓励人们从事自己喜欢的职业一样，利用自己的兴趣集中注意力，潜意识的激发便相对容易。第二，对于那些自己还缺乏理解和兴趣的事物，我认为你有必要重新思考、探究它们的价值。假如那是你工作的难点或人生的禁区，请不要在这里停留太久，以免浪费时间。因为让自己对不喜欢的事情集中精力，这将是特别艰难而且意义不大的训练和尝试。

◎接受内心的指引

超过80%的人只能发挥20%的能量去做事，这就是我们每天面对的现实。

当他们想跨越20%的界线时，想到的往往是不行而不是"我可以"。违背自己的潜意识和内在欲望的生活既痛苦又绝望，所以我们才发现有80%的人无法成为精英，而只有五分之一的优秀人物可以引领世界潮流。

只要你的意识相信它是真实可信的，你的潜意识就会认为它是真实可信的。虽然这是让一个人活得积极的意识前提，可是真正能够做到的人并不多，包括那些站在精英行列里的人。自我设限的人到处都是，他们看待成功的唯一标准从来都不是"我可以"，而是一个贪婪的口袋加上一个巨大的问号。

释放内心受限制的能量

我曾在纽约的市政厅举办过一次关于气场、潜意识与人的价值体现的讲座，我希望台下的听众真正重视自己的内心，打开心门跟自我的潜意识对话，不要只忙着去设计最得体的西装，喷洒味道最好的香水，以及跑到纽约广场和地下酒吧去练习口才。

"那些并不是最重要的，如果你内心的力量没有得到释放，你做的工作将毫无意义。我看到了很多奇怪的现象，人们一点也不急着问问自己的内心到底需要什么，反而每天匆匆地去参加交际培训，学习怎样说话才能让客户不会在5秒钟之内把自己赶出来。"

我对这些人的评价是：两只脚捆着绳子，却还要去参加一百米跑步比赛。当他们被绳子绊倒在起跑线时，他们还以为是自己的体力不足，拼命地吞咽香肠、面包增加营养，丝毫意识不到自己其实非常优秀，只需要解开绳子就可以超越对手了。

讲座结束之后，一位当地的大学教授找到我，他很感慨地说："保罗先生，你不知道，我的生活一团糟。我有很多计划，想做无数有意义的事，想投资一家小型歌剧院，每年在全美各地做商业巡回演出，请好莱坞明星客串。但我如今身体已经不太好，财力也不足，也没什么得力的朋友。所以不管我想做什么，最后都无可避免地失败了，我正像双脚被绳子捆住了，不是吗？"

他的生活像极了我们身边的大部分人，明明有无穷的力量和精力去做事，但碍于种种客观原因，就是发挥不出全部的力量。谁都希望心想事成，更多的人是心想却事不成。内心被限制，潜意识和气场一起冬眠。就这样草草结束一生的人实在太多了，人们在挣扎和困惑的状态中失去人生的黄金期，等到完全想明白的时候，已经没有了从头再来的机会。

我向他解释说，这个问题并不复杂，他的潜意识仍然支配着内心巨大的力量，有可能做成任何事，但他顺从了自我毁灭的心理暗示。他认为自己面对的困难太多了，当暗示变成"无法突破的现实"时，他能够发挥的力量便受到了自我压制。

"教授先生，你要改变这一切，就必须在意识中重新确立一个积极的大前提，然后引导你的潜意识和全身的能量去接受这个新的暗示。你首先得相信这一点：我拥有的无穷智慧会在精神和物质上指引我，助我取得成功；即便不能成功，我也会得到其他的收获，比如经验和尝试的成就感。一旦你建立了这样的正确观念，你的潜意识就会自动地引导你作出最为明智的决定。请相信，你会打开能量的闸门，释放汹涌澎湃的力量，就像你年轻的学生那样做很多新鲜的事情，比如你的歌剧院梦想。"

在我的建议下，教授开始调整他的状态。构建新的暗示是行动的第一步，他在脑中构筑了一幅梦想中的新生活的全景图，而这幅全景图就是我为他准备的积极的心理暗示：无穷的力量就在我的体内，无所不能的智慧在引导着我。我拥有健康的身体，取之不尽的精力，还有用合适的办法便能得到的财富。我知道，这不是凭空的想象，而是即将成真的事实，我已经感觉到了，一切美好的事物正在发生。

不久以后，教授给我发来一封邮件，讲述了他之后的经历。他在度过了犹豫不前的阶段之后，可喜地迈出了实质性的脚步，终于放开手脚去做希望完成的事情。年龄被忽视了，他像回到了30岁。虽然结果并不如他最初所计划的，要投资成立一个全美最知名的歌剧院，但他成功地得到了财团的支持资金，成立了一家半商业性质的巡回歌剧表演团队，并且请到了两位好莱坞的明星免费助阵。

当我收到这封邮件时，他已经举办了十几场演出，许多城市的社区和教会纷纷邀请他去当地演出。

如果没有我的建议，也许他只能在哀叹和失落中度过余生，再也不会做成任何事。要知道他已经度过了人生的黄金年龄，接下来他拥有的只有苦涩的回忆，但当他解开内心的绳子以后，他的生活起了巨大的变化。58岁的教授重新得到了青春。

他说："我非常感谢你的指点，现在我想告诉你，我的生活在各方面都起了积极的变化，正在变得越来越好。我一度对今天的自己感到无比陌生，因为我变得如此有信心！"

怎样遵从内心的领导

你的人生越是面临挑战，就越要将头上的三顶帽子准备好。这是华尔街的著名谚语："聪明人头上始终戴着黄帽（乐观、主动、积极），左手拿着白帽（数据、事实、信息），右手捧着绿帽（创新）！在全面掌握信息（白帽）的情况下，你只要抓紧不放主动、积极、乐观的黄帽，就能创造更多的成长与创新的绿帽！"

这是一个积极气场萌生并导致现实发生巨变的过程，内心的指引让我们相信自己无所不能，潜能的激发和专业的辅助让我们得到创造性的成果。

当你产生一个好的想法时，请赶紧把它作为现实的迫切任务，勇敢地调动潜意识力量，怀着乐观积极的态度去尝试获取。等到所有人都看好这个机会时，机会就过去了！这不是在鼓励你冒险，而是给你一个平等竞争的良机。因为已经有越来越多的人意识到了"我必须遵从内心的指引才能得到幸福"。

喜欢就请马上去做，将内心的向往变成人生的目标，不管这个目标是否现实。你要知道，目标与现实的差距，是一种最为强大的能量，它会激发人的巨大潜能。所以我想告诉每一个失去动力的人，请不要将目标设置得比现实还低，这样的人生是不能激发能量的平庸人生！

你为什么不能从事你喜欢的行业，做你喜欢做的事？这会更容易成就一个人。

你为什么不讨好潜意识的乐趣去作出皆大欢喜的选择？哪怕那是一个有难度的目标，也比痛苦地打发毫无难度的无聊时光要强得多！

高质量的选择才会铸造品位不凡的气场，相反的是，违逆内心的谨慎决定只能让你展现一种卑微无能的形象。

077

保罗的建议

1. 内心的指引就是我们人生的上帝，你往好的方面想，你就会碰到好事；你往坏的方面想，你就会遇到坏事。相信我，你每天的生活一定是你所想的，你每天的气场一定是你内心的映象，不管看上去是内外矛盾还是相得益彰。

2. 面对理想，大胆地告诉自己："我有朝一日会买得起它的，因为我在潜意识中已经拥有了它。"潜意识会决定你的品位，也会界定你的价位。从某种程度而言，人跟商品是一回事，你是否买得起或者在别人的眼中究竟值几个钱，完全取决于你自己。

3. 你从来都有选择的权利，它永远都在，你是唯一的主人。你可

Part 2_气场的钥匙：潜意识改变自我

以选择健康和幸福，只要你向往和努力。你可以选择友好或者不友好，失去友情或者增加朋友，只要你需要和乐意。你怎样对待世界，世界就怎样回报你。所以，请马上练就和拥有一个好性格吧！

4. 潜意识是我们的"门卫"，永远的心灵守护神。它是一把释放力量的钥匙。你唯一的选择就是相信，要相信好事总会发生的。当你相信时，它便会守护你。

5. 任何人的心理暗示都根本不能伤害你，无论它多么强大和具有压迫性。唯一能伤害你的就是你自己，你的信念和内心。所以，不要怀疑自己是否能够做到，而要质问自己是否敢于选择。

6. 请时刻留意自己说的话。不要跟自己开恶毒的玩笑，比如"我马上要失败了，我付不起电话费，连逃回家乡的车票都买不起了"。若你这么想，噩梦一定会成真。

7. 确认一个事实："我的思维就是大自然的主人。"你能达到的高度、取得的成就，全在于这句话能不能得到不折不扣的执行。你要用你的思维去激励自己的团队，对待你的事业，包括你自己！

8. 船长只有一个，就是"我"。请你记住，你始终拥有掌握方向的主动权。当你选择遵从内心的指引时，你就拥有了期待中的气场。否则，海水会干涸，大船会停泊，你的内心会慢慢地长满荒草。

9. 不管你的潜意识假定或者相信了什么，你的内心都会接受这些东西并把它们变成现实。所以，当你相信好运气和良性气场的指引时，它们统统都会来到的，包括所有美好的愿望！

◎ 相信的力量：任何事情都是可能的

"自信"的提升必要性、过程及手段对我们的气场塑造至关重要。我们已经无须重复这一神圣法则了，它无时无刻不在影响着内在潜能的性质，决定它是积极的还是消极的。从现在起你要知道，相信的力量可以让强者更强，使弱者摆脱灰暗的过去，还会帮助我们治疗那些难以启齿的挫折之后的心理创伤。

不是每一个强者都会相信自己

我希望亲爱的读者永远都记住这个著名的故事，它是伟大的哲学家苏格拉底给我们留下的。

苏格拉底在自己的风烛残年，想考验和点化一下他那位平时看起来很不错的助手。这天，他把助手叫到自己的床前："孩子，我的蜡烛所剩不多了，得找另一根蜡烛接着点下去，你明白我的意思吗？"

"明白，"那位助手赶忙说，"您的思想光辉是得很好地传承下去……"

苏格拉底慢悠悠地说："我有一个条件：他必须是我最优秀的传承者，不但有相当的智慧，还必须有充分的信心和非凡的勇气……这样的人选直到目前还未见到，请你帮我寻找或发掘一位好吗？"

"好的，先生。我即便找遍五湖四海也要把最优秀的人选挖掘出来，把他举荐给您。"

这位忠诚而勤奋的助手，不辞辛劳地通过各种渠道开始了四处寻找的艰难旅程。可是他领来的人总被苏格拉底一一婉言谢绝。没有一个人能入苏格拉底的法眼，他全部毫不犹豫地淘汰。

一年之后，苏格拉底在他的弥留之际对助手说："真是辛苦你了，不过，我感觉你找来的全都不如你……"

助手显得非常惭愧，泪流满面、语气沉重地说："我真对不起您，真是太令您失望了！"

"孩子，失望的是我，你对不起的却是你自己，本来最优秀的就是你自己，只是你从来不敢相信你自己，才把自己给忽略、耽误和失去了。"

当一个强者缺乏根本的自信时，传说中的苏格拉底的这位助手就成了他的生动写照。如果不能产生足够的信心，即便巴菲特和罗杰斯也会变成精神上的穷鬼，并且迅速输掉相当于半个美国的财富。一个没有信心的人，他的潜能永远处于冰冻状态，在体内以固态保存，不会流动，也没有什么温度和热量。

"你可以做一件事吗？"你走到他的面前，对他充满热切的期望。

他会十分惊恐地回答："不，这怎么是我可以做到的？我无法完成，你去找别人吧，他比我强多了。"

看，没有自信的人就是这副嘴脸。一旦想到自己要承担责任，他顿时觉得天都要塌了，再没什么比这更恐怖的事实，他恨不得钻进地沟，像老鼠一样再也不暴露在阳光底下。

相信自己就是对你自身价值的肯定和气场的认可，也是你人格魅力的最直接体现，更是做任何事情取得成功的前提。有时候不是别人在否定你，而是你在否定自己。缩手缩脚的结果是望而却步和停滞不前，既失去了展示才华的机会，也与成功失之交臂。不能不说，这是你自己一手制造的悲剧，和世界上所有的人都没有关系，因此你没有抱怨的资格。

当你有信心：气场会接受你的潜意识蓝图

每个人都在内心拥有一幅属于自己的潜意识蓝图，不管你是学生、职员、经理人还是机构投资者。我们都有无比希望实现的理想、目标，经常把它放在心里重温，反复论证，梦想着有朝一日可以变成现实。就像我们为自己和家人建造一座漂亮的新房子，首先要设计一张关于这座房子一切细节的图纸，然后将它保存起来，为它的实现作着细致的准备一样。

没有图纸，房子很难盖起来；但如果你严重缺乏信心，图纸上的所有构想也不会变成美丽的现实。

信心会让我们的气场接受内在潜意识的蓝图，让一个幸福、富足而具有合理规划的精神蓝图变得极具操作性。只有在这个基础上，我们才谈得上采取接下来的行动：购买最好的材料，雇用优秀的工匠，充满热情地搭建未来生活的空间，让你和家人生活得更好。

如果你对自己的潜意识蓝图充满了恐惧和忧虑，如果你总是带着一脸的沮丧、怀疑和愤世嫉俗跌跌撞撞地生活，那么，你的气场将不可避免地是永恒的黑色，再美好的蓝图也只能胎死腹中，不会变成现实。内在的潜能量恐怕永远也不能从沉睡中醒来，它被自卑和不确定的情绪击垮了，关在心灵的牢笼内，找不到一丁点儿释放的机会。

你要知道，我们的生活每分每秒都在建造一个属于自己的内心世界，不时会产生奇妙的设计和美妙的人生图纸。也许它是悄无声息的过程，不为人所见，但是它却是真实存在的，对你的现在和未来起着决定性的作用。

只有强烈的信心，才会同时容纳你的气场和潜意识，帮助它们开始积极的变化，在它们之间建立宽松的沟通桥梁。你要塑造一个容光焕发、健康成功的自己吗？要让内心的蓝图变成可见的人生规划吗？那么就大胆迎向它，带着微笑和意志力，怀着乐观的期待和强烈的信心走向它，让它听见你的召唤，从这一刻起，真正的奇迹开始上演了！

Part *3*

气场的内核：
情商决定格局

◎ 情商就是感染力

2007年，我在哈佛商学院的一次演讲中，有一位学生问我领导力与气场的关系，我告诉他，很多人误以为领导力就是天资、号召力和管理能力。这些都是看得见的指标，就像挂在华尔街大大小小的公司最显眼处的标语一样。确实，它们对一个人很重要。但是根据我多年以来的经验以及我的气场团队的研究成果，如果你想拥有成功的领导力，并将领导力转化为具备强大感染力和榜样性的气场，最重要的不是你的智商（IQ），而是你的情商（EQ）。

如果你不懂得情商对于一个人的生活、工作和情感气场的关键作用，那么现在，我可以向你宣布：你就像没落骑士堂吉诃德一样落伍了！曾经有无数的职场成功人士总结出同一个定律，那就是"IQ决定录用，EQ决定提升"。不管有多少人表示不屑，它总在发挥作用，而且总能左右一个人的事业发展，没有谁可以逃过。

下面这两点是你必须知道的：

○情商比智商更重要。

○情商对我们的气场更具有决定性作用。

需要区别开来的是，情商对气场的作用并不等同于智商。一个人的智商很大程度上决定了气场的硬性指标，比如解决问题的技能、思考的速度、填写财务报表的能力，那些人们都能拿出指标去套用的能力，仿佛计算机硬件；情商却往往决定着气场的内核，它是当之无愧的气场灵魂，是最不可或缺的性能。而且，情商可以通过后天的努力得到提升，只要我们从构筑自信力、激发创造力和施展自我情绪感染力这三个方面来系统地锻造提升，学会自我调节、自我激励，做自己命运的主人，你就能够拥有超人一等的情商。

这是现实的需要，不是吗？在今天的世界里，每个人都想获取更大的成功，所以你必须学会解读自己的情绪，识别他人的情绪，并及时消除自己的不良情绪，尽量展示我们最具魅力的一面。

我们联合美国一家专业的咨询机构就此作过调查，他们询问了188家公司的高级主管，分析他们的智商和情商同他们的工作之间有多大的联系。调查结果显示，在领导者的气场中，情商的影响力是智商的9倍还要多。也就是说，某些高级主管即使在智商方面差了那么一点（他们的工作技能似乎并非那么完美），但如果他们拥有更高的情商指数，在气场方面更具有扩散性和杀伤力，对下属的吸引力更强，他们通常都会获得更人的成功，释放出无与伦比的领导力和感染力，从而胜任团队领导者的工作。

心理学家长期的研究结果显示，一个人的成功，智力因素占到了20%，而情商的因素却占到了80%。从这层意义上说，情商为人们开辟了一条通向成功的新途径，同时情商又决定了一个人的成败。

你可以这样理解，决定我们成功跨越沟壑的情商因素具体表现为：勇气、斗志、决心、道德、行动力、意志等一切能够最大限度激发潜能量和扩充气场的优秀品质。对于我们人生的促进意义，它们比你在商学院或者艺术学校学到的那些硬邦邦、冷冰冰的知识要强一万倍。

下面我告诉你幸运的美国大兵大卫·布西的一次难忘经历。

大卫作为一名普通士兵参与了一场终生难忘的战斗。当时一排美国士兵来到了某处稻田，在那里与埋伏已久的敌方士兵发生了激战。

那天他们完全没有警惕性，在阳光明媚的上午走在绿色的稻田中，就像出游在美国西部，景色如画，空气新鲜，这使他们情绪高涨，几乎忘了这是在别人的土地上。就在众人还在开着玩笑的时候，枪声骤然响起，紧接着是手雷的爆炸声。第一个中弹倒下的是他们的头儿威廉。他太不走运了，带着他的兄弟们出来侦察时没作好情报分析，还以为这是一条最安全的路线。只是一瞬间，他的脑袋就中了一枚开花弹，以一种最为恐怖的姿势死在了所有士兵面前。

灾难突如其来，死亡来得如此迅速，敌方士兵的冲锋连绵不断。这支美军分队眼看就要崩溃了，被全歼似乎是注定的悲惨命运。在敌人猛烈火力的打击下，士兵们失去了方向，趴在水沟里不敢抬头——等待死亡。但这时一名普通的士兵迅速站了起来，将头盔扔到一边，十足镇定地带领大家发起反冲锋。

"天，那家伙要找死吗？敌人这么猛的火力，他竟然敢冲出去。"大卫惊呆了。

那名士兵无畏地向前扑去，穿过密集的弹雨，率先开火，杀死了两名敌方士兵。在他的示范和带头作用下，美军小分队重新鼓舞士气，发起反攻，击退了敌军的十几次攻击，成功等到了支援力量——闻讯赶来的直升机对敌人展开无情的打击。

战斗结束后，这名勇敢的士兵立刻被提升为他们的新任长官，成了这支小分队的英雄和领导。这便是气场的伟大之处：敢于舍己的人才能成为战场的领导者。而在他的勇敢带领下，美军士兵前后截然不同的表现让我们明白：情商的感染力是如此强大，简直可以比拟为一种光速传播的病毒。

"如果不是傻子，那他就是疯子，"大卫说，"自以为聪明的人都趴在沟里一动不动，连汗毛都缩进了体内。但我们都知道，这样的聪明只是等死，是他的不怕死和敢于第一个死的勇气救了我们大家。"

情商的感染力这时就体现了出来，伟大的人格会让人乐于与之为伍，奉他为领袖，着迷于他无与伦比的个人魅力。善于征服和调动他人情绪的人，更握有丰富的人力资源，他是其他人的精神支柱和学习的榜样，当其他人陷入情感困境时必然会求助于他。

事实上，在我见过的所有案例中，那些气场出色的人无不具有这样的特质。一般的人，他们偶尔会有精彩的表现，但有时变好有时变坏，有时会很自私，有时又很伟大。这些人琢磨不定，他们也不了解自己到底是什么样的人，对于气场毫无概念，而且一点也不感兴趣。

还有很多人，他们压根儿就没想过提高一下自己的格调，或者考虑一下团队的利益。他想的只是保护自己已经得到的东西，比如一个不错的职位，一份看上去还可以的收入，只要自己不会受伤就行了。

"我才不想去领导别人，也不想提高自己的人格魅力，去他的高尚吧，我要在世界末日之前好好享受我的生活。"

我见过许多持此类观点的人，他们是百分之百的现实主义者，既不想以自己的行动感染别人，也不希望受他人左右。在公司，他们独来独往；在生活中，他们独断专行，不重感情。就像旧金山的银行职员莉娜·巴茨一样，她今年28岁了，还没有结婚的打算，独自住在一所公寓内，过着隐士一般的生活。用她常挂在嘴边的话说："我为什么要让别人注意我呢？这不是法律规定的，我做好自己就行了。"

莉娜就像那些现实主义者，她拜金，在公司只为了收入奋斗，不会错过任何一个增加薪水的机会；她不在意爱情和亲情，距离父母住的地方只有两千米，每个月却只去一次，在那儿待够一个小时就走人，纯粹为了完成一次任务而不是为了亲情；她的朋友很少，除了工作以外，她一天到晚甚至接不到一个主动打来的电话，每天下班以后的生活就是去酒吧坐一会儿，然后回来蒙头睡觉。

如果她可以这样一直生活下去，问题自然不会出现。但是生活从来不会允许有人如此糟蹋上帝的赐予。她不久前终于发现自己大错特错，因为她突然被公司解雇了。理由很简单，她的上司找她谈话，问她是否可以听从公司的命令派驻到东亚地区，管理该银行设在那里的金融投资机构。

089

你一定会吃惊地说："不对，这是升职，多少人翘首以盼的绝好的人生机会，不是解雇！她为什么表现得就像被扫地出门了一样？"

没错，对一名银行职员来说，这的确是最好的机会了。去海外，高薪，金融分支机构的管理者，她可以成为一个新团队的领导，成为公司的重要分子。但莉娜却感到了前所未有的反感。因为这不是她想要的生活，或者说，她并没有为此作好准备，平时没有任何的演练，尤其对于自己有可能要去做一个海外团队的领导。

"我可以考虑一下吗？"

"可以。但是莉娜，时间不会太久，你最好明天一早就答复我。"

莉娜没有下定决心，她拒绝了上司的好意。次月，她就被解雇了，因为银行要裁员，她很不幸地就在裁员的名单中。尚未完全渡过的金融危机正是那些大企业眼中的绝佳的裁人时机，恼羞成怒的上司决定借此给她一次惩罚，让她回家待业。用我们中国人的话来说，这是"敬酒不吃吃罚酒"。如果你主动放弃一个好机会，你一定会随之遭到惩罚！

Part 3_气场的内核：情商决定格局

　　为什么一个人会对成为团队的管理者如此畏惧？莉娜面对的就是一个很普遍的问题：领导力气场的缺失只是表面现象，内在的情商不足才是问题的关键！接受挑战的勇气、关注团队的同心同德以及为所有人负责的承担意识，这些领导者必须具备的气场，莉娜一样都没有！这些年来，她浪费了太多可以拥有这些的机会！

　　感染力强大的人在团队中自然居于主导地位，他们不但勇于承担责任，团队中任何一个人的情感状态也都将受其摆布和控制。他们就像舞池中负责播放音乐的人，所有跳舞的人都在他的节奏和操控中，跟随着他或慢或快，直到音乐停止。他们通常是较善于表达或较有权力的人，别人只能服从他的情绪。就像那些高明的演说家一样，极为擅长带动观众的情绪，夸张地说就是玩弄对方的情绪于股掌之间，而这正是影响力的本质。

◎积极气场的获得手段：放弃过去

　　事业的失败和不堪回首的过去，是否给你留下了挥之不去的心理阴影？就像莉娜一样，她受到了极大的打击，回到单身公寓，将房门重重地关上，点上一支香烟，开始了发呆和痛苦的反思。没错，人只有受挫之后才肯戴上眼镜，把那些模糊的真实拉到身边来试图看清楚。

我为什么会成为上司的打击目标？

过去的我究竟做错了什么?

以前的我真的很令人讨厌吗?

"现在我告诉你,莉娜,勇于放弃自己过去的人才可以得到更多的将来。如果说以前的你不具备任何一项高尚的情商的话,那么从今天起,你就要学会一个词,那就是放弃。"

莉娜来到了我们的机构,自费报名参加培训,她希望自己重新拥有一个好前程,她想让自己被领导重视。当我听完她的故事,对她提的第一个建议就是"放弃过去"。镜子里面昨天的那个自己显然是可恶的,自私而且令人不解,"她"为什么不敢去做一些优秀的领导者才能做的事情呢?她为什么只满足于在一个小空间内享受自己独舞的身姿?她走不出小房子,完全没有人为她喝彩,她竟连渴望美好的勇气都不具备。

针对她的情况,我真诚地邀请她参加一种针对陌生人的培训课程,她需要被激发征服他人的兴趣,也有必要体验并拥有竞争的动力。莉娜答应了,结果她很震惊,因为她完全不被人注意。作为一名漂亮的混血美女,她的脸上竟然没有一丝渴望,也没有一丁点儿希望被那些陌生的优秀男士选中的"心理暗示"。男人们渴望从她这里接收到风情万种的秋波,而她发送过去的只是一长串无法解码的无效乱码。在陌生的男人面前,有5位女士走过身边,她们都被一名男士挑中了,只有莉娜波澜不动地坐在原地,内心不知所措。

我们又请她去开展自己一个人的"街头陌生人"训练,训练的内容是：

1. 忘掉昨天的自己曾经是怎样对待同事的。

2. 跟每一个陌生人打招呼，至少要说上三句话，而且每句话都要得到对方的回应。

3. 在早晨和傍晚分别主动跟不同的朋友通一次电话，互相了解彼此的现状，每周至少参加或组织两次朋友聚餐，和每个人亲热地交谈。

4. 改变以往的穿衣、说话和跟人打招呼的不良习惯，换用一种更积极开朗的姿态。

5. 主动给以前的上司打电话，但不要对他提出任何要求。

培训的重点其实并不在于让她跟街头的路人取得联系，而是用一种全新的刺激迫使她忘掉那个不愉快的过去，清洗不良的气场。最重要的改变还应是她的内心，她从这时起，需要用一种新的价值观来思考自己的人生。比如，她要为自己设立工作的目标，不管是升职还是增加更多的薪水，她都要鼓起更强的斗志；她还要为自己建立更长远的计划，其中必须包括成为一个部门的头号领导，而不是只消跟在管理者的屁股后面人云亦云。

莉娜在我们这里待了两个月，她几乎每周都过来，与我交流她的内心变化。开始时，她愁眉不展，几句话不离老话题，总是提及刚过去不久的伤心事；后来，她的心情好多了，因为她要忙着完成我们为她制定的目标：每天认识不低于10位陌生的路人，留下名片，并取得对方的联系电话。她开始更多地谈论怎样才能打动陌生人，取得他们的信任。她叹道："保罗先生，这不是一件容易的事，非常不容易！不是会说几句好话就能成功的，这需要展现真诚的内容，释放有生以来最美的微笑，还要有一个最为谦卑的姿态。"到最后，莉娜不再跟我谈论这些了，因为她已经完全明白自己需要去做什么了。

她放下了心灵的重担，走向了全新的生活。再次站在我们面前的莉娜，已经是重回旧金山银行工作的新的莉娜·巴茨，她即将踏上前往东亚的旅程，承担公司赋予她的非常重要的职务——虽然这次她是以一名普通员工的身份过去的，这是公司对她的惩罚。如果没有这两个月的锻炼，我想她很难找到实现这一切的关键品质。她会在摆脱不掉的过去中挣扎很长时间，同时她依然会对担起团队领导使命的重担嗤之以鼻，对改善自身的气场没有一点兴趣。

莉娜·巴茨的经历和调整过程，我们每个人都可以直接拿来借鉴，因为她是如此具有代表意义，像极了今天那些不懂得怎样捕捉机会和承担团队责任的"宅男宅女"。假如你在自己身上找到了莉娜的影子，还犹豫什么呢？马上拿起笔，记下我们对莉娜的建议吧！接下来取得良好改变的一定是你！

征服员工的秘密：放弃

德勤公司在中国区的首席执行官、加拿大人皮特·鲍伊（Peter

Bowie）先生行事利落、为人谨慎，他掌控着一支六千多人的会计和咨询队伍。作为一位在员工眼中像"上帝的翅膀"一样的优秀管理者，他告诉我们，他留住员工的唯一秘密就是学会了放弃。

"你知道，我的人都是从全世界各地招来的顶尖人才，流动性强，统领起来颇有难度。但在过去的3年时间里，我成功地做到了将公司的员工流失率从接近60%降低到了不到20%，我很骄傲自己能做到这一点。"

为什么员工喜欢留在鲍伊的身边，跟着他一起享受工作的快乐，哪怕他提供的薪水比不过那些让人眼红的竞争对手？因为鲍伊为所有人提供了一个没有过去负担的平台。他擅长整理公司过去的包袱，从不会为了一个陈旧的战略去损害员工的利益。

这很重要，但这也需要巨大的勇气以及很好地平衡公司和员工的利益。

他永远不会制订裁员计划，就算公司到了发出尖锐的财务警报的阶段，他甚至曾经计划自己掏腰包给员工发年终奖，放弃自己应得的合法利益。

他善于听从员工的建议。当有人告诉他："先生，我认为公司这两年的顾问计划存在很大问题，只有我发现了。"他马上就会瞪起眼睛研究。或许就在第二周，他就宣布了放弃那个计划的决定，如果他认为其中确实有问题。

鲍伊的成就可以给我们一个更深刻的启示：当你不得不面临短期利益与长远目标的单项选择时，你会选择放弃哪一项？

毫无疑问，敢于扔掉包袱，即可以勇敢地舍弃短期利益的人，他可以笑得更加长久，而且一直笑到最后。

　　必须作出改变以迎合现实和未来需要时，我们不要再对过去的所谓传统正视一眼，扔掉它，那没什么大不了！

　　一个只能活在过去的人，他的步伐会越来越沉重，始终被自己的影子圈在一块狭小的区域，直到困死在里面。他没有攀爬到山顶的可能，跟着这样的领导者是没有希望的。

　　如果你不得不舍弃一些东西来轻装上阵，我郑重地提醒你：你需要冷静权衡到底哪一部分对你才是最为重要的。

战胜过去，才能拥有未来 ································

　　当你跌倒时唯一能让你站起来的人只有你自己，因为没人可以未卜先知，预测到你的未来，算出你在什么时候会成为一个倒霉蛋，然后忠诚地守候在那里准备扶你一把。我们的人生总是面向未来，而不是现在。

　　以过去和现在为起点进行自己的人生战略决策，将是我们的气场本身所面临的最大危机，因为这使得你对未来状况的变化处于一种全然不知的状态。对于未来所可能发生的重要变化毫不知情，仍然以现在和过去的思维方式去面对。

　　依赖于过去的思维模式，这将导致你遇到严重的人生危机，甚至会像乌龟一样悲惨而无知地葬身在新时代猎手的口中。当你遇上强手时，不懂得放弃沉重的昨天和头脑中那些无效信息时，结局一定如此。

你没有战胜过去的勇气，无法为未来铺就一条宽阔平坦的道路。做不到鲍伊那样，怎么可能拥有比他还红的人气呢？员工总是喜欢创新型的管理者，听得进建议，同时又足够坚持，这是一种无与伦比的优异情商！

如果冰墙那边是已经融化成汪洋大海的全新世界，而你却仍然毫不知情，那就难以逃脱失败和消亡的厄运。不知有多少原本充满希望的新兴公司在这样的状态中倒下，当然还包括无数的因为放不下过去的重量而摔倒在半路上的野心家。

所有的人都必须拥有这样的眼光：我身处在怎样的一个冰河时代？属于我的黄金时代快要结束了吗？我应该怎样作出改变？如果冰墙挡住了我的视线，那么我该如何做才能知道那边到底发生了什么？

苹果公司的一名中层管理人员奥蕾女士，她即便身在世界级企业，也时刻告诉自己：如果我在这里长期找不到工作的乐趣，那就应该果断地调整方向，跟过去的所谓的荣耀说一声再见。

事实正像她预料的，苹果公司不是她最想要的环境，她选择这份工作是打错了算盘，当初被大公司闪耀无比的光环征服了，进来才发觉不是她想象的那样美好。她要离开，但一度恋恋不舍。跨国企业的优异环境给了她太多的光环，她有时甚至喜欢这种感觉："每个人都渴望得到我的名片，用羡慕的眼神望着我，好像我拥有一份世界上最棒的工作。"

真是这样的吗？奥蕾知道不是。她对这份工作的评价是"无趣""糟糕透了"！不是所有的人都喜欢在一个固定的程序中按部就班，奥蕾便是如此。她渴望创新，拥有真正属于自己的荣耀，能够去支配环境，带领一个团队共同创造不凡的成就。

后来她辞职去了加拿大，自己创立了一家科技公司，艰苦地进行打拼。三年后她再回到美国时，我听到了她的消息，并给她打去电话，了解她现在的情况。她的笑声告诉我，一切进展顺利，尽管没有跨国企业的风光，但她很快乐。小公司总是举步维艰的，可如果做的是让自己开心的事业，奋斗的是真正属于自己的未来，每一天都会因此充满动力。

当我去拜访时，我发现，在她自己的公司，她被员工评为开创型领导，没有一个员工想离开她。她的领导气场惊人，已经完全不是过去的奥蕾了。

放弃过去不仅是一种勇气，还是一种无比博大的气场。

如何才能建立新的战略思维方式？

最重要的还是获得关于未来将如何变化的知识。这就需要你拥有主动打破现在陈旧理念的勇气，以开放的眼光积极创新，为此甚至不惜颠覆现在看来仍然平稳发展的业务及其运行模式，即实现我们常说的破坏性创新。当旧有的气场和格局不再适合我们今天的需要时，果断地打破进行重建，你有这样的开阔胸襟和长远眼光吗？

　　主动放弃过去才能更好地拥有未来，我建议有志于提升气场的各行业人士，你的人生战略的思维出发点应该是未来导向的。

◎ 只做最对的事，并将优势发挥到极致

　　你不要幻想自己可以同时做太多的事，那永远都不可能——如果你这样进行你的人生，你不但不会取得成功，反而会让过多的欲望成为你精神的沉重负担。

　　你只需要去做当前希望最大的那件事，集中全部的能量把它做到最好。在自己最喜欢的领域，你要争取成为其中一位最优秀的人。当我们渴望最强大的气场时，这往往是最好的办法，但是很少有人能够明白这个道理。

　　公司对员工的终极期望通常都是什么呢？如果你明白这一点，你就知道该如何凝聚自我气场。有一项最重要的职责，或许你的上司和同事永远都不会对你明白地说出来。

　　但是，我代替他们告诉你，你始终要牢记在心的是：永远做你最需要做的事，而不必等待别人来要求你才去做。相信我，不管什么时候，在什么公司，做什么事，这都是你最正确的选择！

　　有一家美国公司会给自己的每名新员工发一封欢迎信，信中这样说道：

亲爱的，公司之所以聘用你，是因为你能满足我们一些紧要的需求。如果没有你公司也能顺利并良好地运转，你就不会来到这里了。我们深信这个团队需要一位像你这样的人，并且确认你正是帮助我们实现目标的最佳人选。因此，我们走到了一起，首先向你表示感谢。

你在任职期间一定会被要求做许多的事情，比如一般性的职责，特别交办的任务，团队的以及你个人的项目。相信我们，你将会拥有很多超越他人的源源不断的机会，通过这些机会表现出你的优异，以此向公司证明聘用你的决定是多么英明。

然而，有一项最为重要的职责，或许你的上司永远都不会对你明明白白地说出来，但你在任职期间却须谨记在心，这是公司对你的终极期望：请做好你最需要做的事情，不要让别人来要求甚至催促你！

我们为了公司的最大利益才决定聘用你，而且我们希望你随时随地地自主思考，运用你的判断力去决定如何行动。

即便永远没有人向你提及这个原则，你也千万别误以为它并不重要，相反，它是我们这个团队之所以良好运营的唯一原则。每个人都要时刻做他"最正确的事情"，不论是对当前还是对未来。我们日复一日地工作，都在遵循这个原则。所以，只要你和我们的雇佣关系存续一日，它就始终是公司对你的要求，也将是你积极主动工作的一盏明灯，不断地激励着你的思考和行动。

只要你是我们的员工，是团队中的一员，你就自动地拥有了我们对你的真诚期许：为我们共同追求最佳的利益而积极主动地行动吧！

无论在任何时候，如果你觉得我们有什么地方做错了——没有做对我们大家都有益的事情，那么请你明白地说出来。加入这个团队，表示你已经拥有我们的集体许可：你有权在必要的时候毫不隐瞒地说出你的看法，大胆地提出你的建议，或是对某项行动或决定表达你的质疑。

我们始终乐于倾听，尽管这并不表示我们一定会认同你的看法，或是必然改变我们现有的做法。只要在你看来有什么将有助于更好地达成公司所追求的目标，并且创造出更多的成功经验，就请你大胆地说出来。

最后我们要说的是，如果你想对公司既有的工作程序作些积极的改变，你就必须先努力了解既有的工作流程是如何运作的以及它的历史和现实原因。你应该首先尽力尝试着在既有的体系下工作，不要在不了解的情况下作出破坏性的尝试。但是，当你尝试过后，仍然觉得这些体系需要改变时，那么请你一定毫不犹豫地说出来。

这封信道出了一个管理者用人的真谛：员工的价值总是唯一性的，你不可能指望其成为全能战士。无论是在硅谷紧密联系、互相依赖的团队里还是在处理自己的私人事情时，舍弃一般目标、找到最正确的目标都是我们不可避免的选择。就像其他很多原则一样，这也不过是一个简单的常识。但是，往往听起来简单，做起来反而很难。

我只能建议你，请将我提供的这一原则时刻牢记，并卓有成效地落实到你的人生中去。一旦你明白并能践行此原则，你的气场一定会闪耀出最亮的光芒。再也没有比接受这个挑战，助你获得工作、事业以及人生的成功更加紧要的事了。

把优点发挥到极致就可以忽略缺点 ·····················

聪明人懂得扬长避短，发挥优点并且使这些优点达到极致。不相信是吗？请看看那些名扬世界的最成功的人，他们每一个都是用了一生的时间只做一件最正确的事。尽管他们身上有着这样或那样的缺点，但他们将自己的优点最大化了，从而利用自身的优势创造出一个世界品牌。

比尔·盖茨只会研究软件，他创建了一个前无古人的微软帝国；

沃伦·巴菲特只能研究那些可以长期持有的股票，他成了全世界最会炒股的人。

而你，什么都想做，结果只能平庸地生活着。

来自美国迈阿密的马丁感到自己正陷入空前的苦恼，他的问题是自己的口才太好了，被周围的朋友戴上了"巧舌如簧"的帽子，因为嘴巴太好使，他失去了不少人的信任。

"这家伙说的是真话吗？他总是虚情假意，让人不敢相信。"

"这小子太会哄女人了，就连最有经验的女孩也不敢跟他玩感情游戏，因为他那张嘴巴简直能说死人。"

"嘿，你们听过马丁讲话吗？赶紧去跟他聊两句吧，他会让你知道什么才是演讲天才。他真应该去写科幻小说，真的！"

　　即便你只能接听电话，那就做一个世界上最棒的电话接线员好了。这有什么不可以呢？如果这也算是一种缺点，我想他应该非常荣幸地拥有并向全世界宣布。我告诉马丁："那你就去做一名全美最优秀的推销员好了，现在他们鄙夷你的口才，但到时都会为你鼓掌。"

　　因为优点而苦恼，马丁是我见过的第一个人。或许你也曾有过这样的烦恼？这个世界的缺陷本来就够多了，战争、欺骗、阴谋，无所不在的残缺气场，让善良积极的人们每天都在为那些犯下无数错误的家伙埋单！那么我们为什么还不珍惜自己仅有的优势呢？为何还在为了一个看似是缺陷的个性陷入苦恼不能自拔？

　　如果你为了今天而回顾过去，你就会发现自己的缺点是无法原谅的，那你将因此错失许多未来的成功机会。重要的从来都是优点，这是我们积极气场的部分，它是支撑你向前的力量。当你只能将注意力集中到自己的缺点上时，你就失去了长远的打算，不知道下一步自己还能做什么。

　　关于优点最大化的情商法则是：从今天开始，你要学会看出目前的行为会对自己的未来产生怎样潜在的影响，判断它是积极的还是消极的。如果你能认识到自己的缺点就再好不过了，你可以及早对此采取行动来克服它们的不良影响。但最重要的是你要战胜自己内心的天真，因为有些缺陷是我们始终无法弥补的，我们只有尽可能地将优势最大化，才可以防止自己犯下较大的错误。请突出展示你足以迷死见过大场面的芝加哥人的超级气场，而不是让人叹息的另一面。

现在，发现你的优势 ······························

若你是职场中的一名准新人，你会发现自己有何优势呢？很多人听到这个问题，总是向我摇头，表示他一无所有，简直是一个白痴。但我告诉他，即便如同一张白纸，他的优点也是巨大的，甚至是那些左右逢源的经验老手也无可比拟的。

★你有大量自由的时间可供支配。

因为一无所有，你既不用去承担什么责任，也没有什么累赘可言，所以时间对你来说很充足。这是充分锻造气场的最佳时期，你可以针对理想的设计蓝图去选择性地充电，具备某方面的专业技能——至少竞争对手不具备的能力。

比如你可以去学一门外语，中文、日文都可以，或者某一种与工作有关的技巧。你可能会问："为什么我要学习中文，难道你想让我现在去中国或日本吗？那地方对我而言太陌生了，我实在不想去。"没有什么不可能的，也许有一天你突然发现，自己的下辈子就想在上海、北京或者横滨度过，那里有最好的机会。想想你无限可能的未来吧，趁现在有时间，你要全力为此作好准备。

★易于积累经验。

没错，你最大的优点恰恰是你没有经验。不要被暂时的懒散打败，如果你能够马上开始，睁大眼睛，分清曼哈顿和华尔街的区别，那么你一定会找到自己的方向，并开始在自己的气场库储存第一桶能量。

★你有犯错误和问问题的权利。

一个经验丰富的人固然拥有让人羡慕的气场，但同时他犯错误的代价也将变大。站在山顶上的成功者几乎犯不起任何错误，就像拥有几百亿美元资产的罗杰斯、索罗斯、默多克，他们不小心的一个闪失就可能导致难以计数的损失。而你，一张白纸的新手，刚站到山脚下准备起跑的新丁，就连华尔街最烂的股票经纪人也不想看你一眼的气场菜鸟和财富白痴，你得到的每一个教训都将是无比宝贵的经验。

★你不会承受太大的经济负担，不用负担家庭等更多的责任。

因此你拥有更大的自由，任何事情都可以从头学起，不必忌讳有人指指点点，品头论足。这不知是多少人渴望得到的。在这个世界上，责任越多的人就越伸展不开手脚，稍微有点成就的人就会在众人期待的眼神下变得束手束脚，气场严重收缩。那些有了妻子和孩子的人，身上背着沉重的责任，往往会变得小心翼翼。他们宁可做一个平庸的人稀里糊涂地过一辈子，也不愿意承受哪怕很小的风险在人生的道路上再迈一个台阶。所以，你的优势是他们不具备的。

★你有充沛的精力和昂扬的斗志，以及无比强烈的渴望。

因为年轻，你可以跑很长一段路程，连续工作很长一段时间。你对工作的投入度高，甚至可以整夜不睡。显而易见，那些已经小有成绩的老油条通常缺少这种精力与热情。他们每天想到的只是赶紧到点下班，按时领薪水，任何分外的工作都不想做，一点压力都不想承受，缺乏主动工作的积极性，只想完成任务养家糊口。你可以轻而易举地击败他们，只要你的气场比他们更积极，你的心态比他们更年轻！

★你是初生牛犊不怕虎，像恺撒一样勇敢无畏。

如果再加上奥古斯都的狡猾，那么你就更完美了。当你站到舞台上时，许多人不敢尝试的事情，对你来说也不是绝对不可能。不怕冒险的精神和活力能够帮助你以更好的姿态走向成功，就像年轻的卡耐基曾经在美国这片大陆上做到的那样。

★最大的优点是，你是一张白纸，现在就可以设计自己的蓝图。

请相信，没有什么东西是能够限制住你的，无论你想实现什么样的理想和抱负。你可以选择自己喜欢的事业。你的选择是无限的，只要你想，就能自由地作出自己的决定。

所有的这一切具有强大说服力的事实和证据，都在充满敬畏地告诉你，我们身上有没有缺点以及哪些地方有缺陷无关紧要，重要的是，你要发现自己的优势，并承认这些内在的有利之处的价值，将它充分利用。我建议你从今天起为自己建立一本优点日志，将每天自己可以发挥出的有利之处写在上面，跟要做的事情结合起来，看看是否能更好地完成工作，在你的世界里酝酿一场气场核爆。

◎伟大的好习惯：分享和感恩

迈克尔是曼哈顿街区的一名激情创业家。公司成立的第一个月，他风光极了，开着一辆新出厂的德国豪车到处逛，在街上疯狂地摁着喇叭，就连白宫的总统都能闻到他四处兜风的得意味道。

但是第三个月，他就垂头丧气、困惑不已，他的公司突然之间就成了一座空空的鸟巢，刚组建的骨干团队顷刻间作鸟兽散。他面对的只是简单的问题，但却与一种根深蒂固的心理习惯有关，也是我们的人性深处最难去掉的一个坏毛病。他不想分享赢利，或者说他制订的薪酬计划实在太苛刻了，这让员工们感到不满。此时没有人再对他的天才构想感兴趣，人们最想说的只有一句话：

"报告老板，我要加薪。"

迈克尔的眼睛瞪得很大，他认为自己将利润的15%拿出来作为股权分给员工已经是天大的恩赐，没想到这帮人竟然"贪心不足"到这种如狼似虎的程度。他咬着牙拒绝了，于是就出现了上面的情况。与其说团队向他辞职，不如说这个志得意满的老板被手下集体抛弃。

为什么有些创业者独断专行到了亚历山大和威廉二世的程度？迈克尔的问题不是他有没有蓝图，而是他在构造自己的王国时，缺乏那么一点共赢的思维。这让他的领袖气场大为衰减，他很难找到忠心耿耿的创业伙伴和忠贞不二的得力下属。

分享精神是感恩文化的一种体现。每一个优秀的成功者，都受惠于一个团队的有力帮助，因此他必须把他的精神和物质财富与团队共享。如果你每个月能赚一万美元，而你的团队成员只能赚到一千，那你就有必要再拿出三千甚至五千美元无私地分给你的团队。

这不仅是一种高贵的情商，更是大气的表现和吸引力的所在。一个拥有强大气场的领导就是这么炼成的，没什么特别的诀窍！你必须这么做，而不是"可能"。怀着侥幸心理去当吝啬贵族的下场，华尔街那些破产的小老板会告诉你。

其实我们早就发现，世界上那些成功的人士都非常懂得感恩，就像林肯总统在回答他为什么可以当上总统时所说的："每得到一份工作，我就怀着感恩的心情去做，并加倍地努力。所以我一步一步地成长，直到今天。"

不是每个人都能成为林肯，但我们至少可以拥有像林肯那样的心态。对生活感恩，你就不会失去对生活的热情；对别人感恩，你就会愿意跟他们分享自己的成功，同时得到他们更多的回报。

肯尼迪讲过这样的一句话："不要问国家为你做了什么，先问你为国家做了什么。"我把它借鉴过来告诉迈克尔："不要问你的团队为你做了什么，先问你自己可以为他们做什么。"

老板和员工的位置颠倒了吗？完全没有。我们认为，懂得分享和感恩的人才是幸福的人。反过来说，只有这样的人，他才真正具备高贵的领导者的品格。

你不得不知的美国人的慈善文化

"股神"巴菲特将绝大多数的个人财产投向了慈善事业。我相信不少亚洲人或南美人对此都会感到不可思议，但我告诉你，这对美国人来说没有多大的冲击力。因为这就是美国社会的气场，美国人的标准道德观。很少有富翁为了个人消费毫无节制地花钱，而是大多致力于为慈善事业作贡献。他们为了死后顺利地进入天堂，而不是"想进入天堂比穿过针眼儿还难"，生前就一定会立下从事慈善公益事业的雄心壮志。更为难得的是，美国每年几近天文数字的巨额捐款主要是来自普通民众（占到了85%）。

让我用《时代》周刊中的一句话告诉你："在每一位比尔·盖茨的身旁，都站立着数以百万计的普通百姓。"

在许多亚洲富豪热衷于将巨额财产转移到家族传人的名下之际，美国媒体则仍然一如既往地宣扬着一个"傻瓜"道理："如果给孩子们留下巨大财富，让他们甚至连早起的理由都没有，那我们就害了他们！"

美国媒体还以公布调查结果等方式不断地告诫人们，很多年轻人在继承了父辈的遗产后挥霍无度，往往迅速地成为让国人耻笑的败家子，而且他们比中产家庭甚至低收入家庭的孩子更容易出现焦虑、颓废等不良的精神状况，人生态度变得极度消极，与他的成功父辈截然相反。

请仔细体味巴菲特的这句肺腑之言："我希望我的三个孩子有足够的钱去干他们想干的事情，而不是有太多的钱却什么都不做。"

值得注意的是，在美国崛起和保持强势的过程中，美国人的慈善意识及社会普遍的奉献精神起到了不可忽视的作用。令美国的慈善组织欣慰的是，美国人早在2006年提供的慈善捐助就已经达到了惊人的程度，突破了2950亿美元，创造了有史以来的最高纪录。而过去的50年以来，美国社会一直有着捐献日益增多的趋势。

事实上，这半个多世纪，也正是美国持续扮演超级大国角色的年代。由此，我不得不说，迈克尔先生实在是一个异类，也怪不得他会被自己的骨干员工们集体扔进水沟。在一个慈善家到处都是的社会，迈克尔这样的初创业者如果像葛朗台那样吝啬，是不可能在竞争激烈的美国社会脱颖而出的。他不会找到忠诚的追随者，一个也找不到；他也不是一位好老板，充其量只是想把钱都揣进自己兜里的投机分子。也许这样的情况在中国和日本社会同样适用。但是显然，东方社会的慈善文化几乎是行政性主导，民间完全没有形成强大的基础和文化，自然对于领导者的公益气场和分享品质要求不高。所以博雅公司在中国的调查小组才会惊讶地发现很多自私黑心的老板——他们活得很好，但这并不会长久，早晚都会发现这样的方式只会害了自己。

我对迈克尔讲到了美国富豪安·鲁瑞的故事。不，确切地说是他的6个孩子的故事。他们的生活俭朴得一如平常人家的孩子，他们甚至从打折商店里购买家具，完全没有富家子弟的风范。

鲁瑞以他们每个人的名义设立了慈善基金，让他们捐款救助他人，并且自豪地向人们说："孩子们都想向人们表明，他们正在这个世界上走自己的路，而不是依靠父母。"

"迈克尔，你认为对自己而言，慈善意味着你要怎么做呢？"

迈克尔现在已经想明白了，如果一桩生意可以赚到10万美元，他不可能将其中的9万都揣进自己的兜里，他必须懂得分享，还有对于员工以及整个社会的感恩思想。这是一种神圣的光环，高贵的人格魅力，同时也是给予他人的合理回报——即便从利益分配的角度来说，迈克尔也必须学会适应这样的规则。

无论如何，你送出去的东西，总有一天会以别的方式回馈给你。相信我，这不会有任何例外！因为气场能量永远是守恒的。你的气场强大，周围的人便会相对较微弱，并且会附在你的身边，以你为中心形成紧密的依附体。

这是我们早就知道的一个公开事实，任何物质的存在都有气场的伴随，一个大的气场可以由若干个小气场按照特有的方式组合而成，达到一个动态的平衡。气场能量是永远守恒的。所以，你不要以为自己的分享让自己失去了什么，它只是转化成了其他的能量形式，并将增加你本身的气场。

◎ 停止唠叨

抱怨是一种最坏的脾气，是埋在我们健康气场体内的不定时炸弹，是人群中的讨厌分子，是积极生活的破坏者，不知什么时候就会跳出来破坏你的好心情。你知道吗？美国人最会抱怨，而中国人最喜欢唠叨，只有日本人一声不吭地默默工作。这在我见到的案例中表现得极为明显，抱怨的美国人和唠叨的中国人，他们极富有想象力，但在行动力上却输给始终不停地做事的日本人。

为什么不马上停止致命的唠叨 ....

一个让我感到担忧的事实是，今天每个人的心里都有一股莫名的怨气和焦躁，对生活的一切都不满足，似乎所有的人都对不起他。从他的嘴里不停地发泄出来各式各样的埋怨，也就成了让人厌烦的唠叨。

也许你会觉得让我发泄发泄就好了。"嘿，不就是骂几句小布什吗，还有那个在我眼前晃来晃去的胖子，我不想在这种领导的手底下干活儿。"没错，你只是习惯性地随口抱怨了几句，可这种无休止的唠叨却无形中给我们的工作效果和思想以致命的一击。

这样的状态我以前也曾经持续了一段时间，无论以前在中国还是如今在美国，因为生活中的某些不愉快，我深深地感觉自己每天置身于自己的唠叨和焦躁中不能自拔，整个人就像一头发怒的狮子，无论看到什么都想踢上两脚，简直令人讨厌极了。但有一天我喝完一杯咖啡，暂时平静下来，想起了卡耐基的《人性的弱点全集》中有这么一段话："在所有一切烈火中，地狱魔鬼所发明的狰狞凶恶的毁灭爱情的计划，喋喋不休是最致命的，它像毒蛇的毒汁一样，永远侵蚀着人们的生命。"

我一下子便醒悟过来，哦，保罗·高，你失控了，必须马上停止！

否则你可能从此与过去控制良好的"我"永远说再见，那对你的人生将是一场灾难。

在我们的培训中，有许多刚遇到一些困难就开口抱怨的男士或女士。他们失败了，不被人重视，然后就"恼羞成怒"。我告诉他们，请马上转变自己的思维吧！

你该怎样对待自己的生活和工作呢？请把它们当做要陪伴我们一生的爱人，你每天面对着它们，如果总是抱怨、唠叨，最后只能是自掘坟墓。如果像对待恋人一般平心静气地思考和冷静处理，寻找对策，总结经验和教训，难道不会得到像恋爱一样的快乐吗？一定会的！

唠叨情绪的产生一般是因为事情并不顺利，至少没有像我们计划的那样，让你得到最想要的结果，于是失落感便产生了。本来气场正盛、目标远大的你正计划一出手便摘到树上的果子，为什么却抓了个空呢？大多数人都会在这种时刻产生强烈的愤懑和不平。他们会想：

我之所以没有做好，是因为同事对我的支持不够！很多人在背后拆我的台，不想让我成功，都在看我的笑话！

上司对我太刻薄了，他嫉妒我的才华，打心眼儿里盼着我栽个跟头，生怕我超过他，抢了他的风头！

父母对我不理解，他们总是挡在我的前面，以"怕我受到伤害"的借口阻止我做任何事，其实是想把我永远锁在他们的身边！

就在你唠叨个没完的时候，宝贵的时间一分一秒地流逝了，你错过了最好的修补失误的机会。当你能够认识到这个问题时，你就会发现：

原来我做不好只是自己的资料准备不足，或者努力错了方向，同事其实对我不错，他们虽然不想让我抢走了功劳，但也没有干背后捅刀子的卑劣之举！

上司给我的空间是自由的，他站在一边看着，希望我能锻炼出来，替他分担更多的重任，只是我的错误辜负了他。我需要自我批评，而不是把他看做无耻的小人！

父母对我的意见虽然很大，但世上没有哪对父母是不爱自己的孩子的，他们害怕我犯错误，是因为我的确经验尚浅，做事冒失，说话幼稚。现在，这些都得到了验证！

积极的气场要远离怨气

抱怨不止的莱因斯是我见过的火气最大的参与者。他丢失了太多的东西，却还不知问题出在哪儿。他在我们的培训中心的经典抱怨使人人耳难忘，一度成了大家的饭后谈资和工作人员时常谈起的反面教材。

短短一年的时间，莱因斯就丢掉了两任女友和无数的工作机会，这当然都怨他自己，但他将责任推给了所能想到的任何一件"物品"，就连他家的宠物狗和门口的邮筒也没逃过他审判的口水。他虐待自己的宠物，出门时踢翻了邮筒，收到了市政公共财务管理局的罚单，还有可能被起诉的警告。当他来到我们的培训现场时，当我们指出他的问题所在时，他的表情怪极了，像个咬牙切齿要证明自己的西部牛仔。

"我不认为我有问题，难道你们看不到吗，我认为有问题的是这个世界。"

毫无疑问，他的怒斥起不到任何作用，反而让他的气场更加不可接近。没人对这样的莱因斯抱有好感，现场有位女士悄悄地说："他好像有暴力综合征？"

抱怨一定会使站在你对面的人担心受到你的伤害，唯一的选择就是离你远一点，再远一点，站在门外看着你慢慢关上自己的心灵之窗。没人愿意拯救你，除了真正爱你的人——但这样的人实在太少了。

当你明白唠叨的危害时，现在，我再送给你6个建议，希望你照此坚持下去，重复而且长期地训练，强制性地改掉这个损毁我们积极气场的坏习惯：

1. 让家人和朋友随时帮助你

每当你快要控制不住情绪，即将发怒或抓狂，或是想对芝麻绿豆大的问题喋喋不休的时候，请他们及时提醒你。方式可以是制止、安慰或拉你到屋外吹吹风，换一个较为清静的环境，让你调整一下情绪。你可以为此设计一个自我惩罚措施，比如当情绪失控后，你就要请他们吃一顿大餐，为此自罚500美元或罚自己半个小时不能讲话，就算电话铃响起也不例外。

2. 任何唠叨的话，最多只能讲一遍，然后以最快的速度忘掉它

如果你必须很不耐烦地提醒那个人七八次，抱怨他已经答应你的事却没有做到，比如计划要陪你去商场购物却没有去，那么想必他一定是

不会实现你的愿望的，当初的许诺不过是随口一说，你为什么还要浪费口舌再抱怨一次呢？你的唠叨只不过会让他更想拒绝你，而且一定会下定更大的决心绝不屈服于你。所以，别人不想听到的话，你最多只讲一次就够了，多说无益。

3. 学会用温和的口吻轻松地表达看法

不管你想表达什么，都要注意表达的方式，比如你可以平静地说："亲爱的，如果你愿意陪我去逛街，去超市买些生活必需品，我将烘烤好你最喜爱的披萨，让你在晚饭时吃。"或者说："亲爱的，我真高兴看到你把我们的兰花盆栽移植得这么漂亮整齐。到节日时，大家一定会称赞这几盆兰花。现在，你为何不再把它们摆放到最合适的位置呢？"表现出自己内心的柔性气场，将能更好地帮助你达成想要的心愿。

4. 即使埋怨也要表现出幽默感

唠叨的技巧也是需要你注意的，恰当的幽默感不但能达到效果，还会使你保持良好的心情。记住，幽默不只使他人愉悦，同样能使自己处于一种轻松乐观的状态。同样一件事，你千万不要气两次，气过就算了，也不要隔三差五地拿出来晒太阳。如果你忍不住非得把它吐出来，发泄你心中的不满，可以换一种调侃的方式，顺便当它是一种放松心情的办法。

5. 记住，发生了不愉快，最好的解决办法是冷静讨论

当你与同事、上下级或伴侣间发生不愉快时，要想办法在纸条上写

下来，让它形成一次讨论。当你们的争吵发生时，可以尝试都不说话，等到你们都冷静下来，再把它拿出来讨论，找到一个双方都能接受的最好的解决方案。到那时，如果它只是一件很微小而且不重要的事情，相信你们一定已经把它抛在脑后，或者不好意思再提起它。度过了情绪最失控的阶段，你的唠叨欲望也就消失了。

6. 尽量不用唠叨也能达到目的

每个女人都不可能用唠叨来绑住男人一辈子。同样，一个人也不可能仅用唠叨就能说服同事或者老板。既然如此，为什么不争取最好的解决办法呢？对，不用唠叨，改掉命令、请求或抱怨的口气，无论发生什么事，都平心静气，用你的学识和涵养去征服对手，用你理性的气场去感染对方，让他乐意听从你的意见，为你做任何事！否则，你不但会伤及自己的气场，还会毁灭自己的幸福！

◎微笑和赞美的力量

微笑一直是我们公共培训课程的重点部分，也是提升气场最主要的部分。也许你觉得这太过简单了，但我仍然要不厌其烦地重申：一个不会微笑的人，你很难想象他的气场能够顺利地打动他人，给大家留下深刻的印象。事实是，我们总是做不好如此简单的事情，所有的人都在离微笑越来越远，好像对他人表达善意就会杀死自己！

恰如其分的笑容当然具有很强的情绪感染力，它是一个非常主动的信号，让你和他人之间瞬间产生亲近的化学反应，这比应别人的情绪和要求而作出的勉强反应要有力得多。

知道吗？微笑还传达了这样一个信息：你是一位能接受我的微笑的人。这会打动任何人，即便是你的敌人！

看看下面这个故事：

尼尔森是一位优秀的飞行员，他在西班牙内战的一次战争中不幸被俘入狱。在狱中，尼尔森学会了抽烟。

有一次，他摸出一根香烟，但是没有找到火柴。没办法，尼尔森鼓足勇气向一名看守借火。看守凶巴巴地打量他一眼，很不情愿而且很冷漠地拿出了一根火柴，送给这个将死之人。

当看守走过来帮尼尔森点火时，两人的眼光无意中接触了，尼尔森下意识地冲着看守微笑了一下。

尼尔森也不知道自己为何要对他微笑，也许是为了表示友好，也许只是一种本能的反应。然而，就在这一刹那，这抹微笑打破了两人心灵之间的隔阂。

像是受到了微笑的感染，看守的脸上也露出了一抹不易觉察的笑容。

他点完火后并没有立刻离开牢房，和善地看着尼尔森，眼神也少了当初的凶气，脸上仍然带着微笑。尼尔森也以微笑回应，仿佛他们是相识多年的老朋友。

"你有小孩吗？"看守先开口问他。

"有，你看。"尼尔森手忙脚乱地找出了他的全家福照片。

看守也掏出了照片，并且开始讲述他与家人的故事。

此时，尼尔森的眼中充满泪水，说他害怕再也见不到家人，怕没有机会看到孩子长大……

看守听了以后流下了两行热泪。突然，他作出了一个惊人的决定，他打开牢门，悄悄带尼尔森从后面的小路逃离监狱。他示意尼尔森尽快离去，之后便转身走了，没有留下一句话。

若干年后，尼尔森仍然以极大的感慨回忆说，如果不是那一个微笑，他不知道能不能活着离开监狱。

你看，微笑竟然救了他一命！

微笑并不难，只要你完全敞开心灵的大门。不管你是穷人还是富人，高贵还是贫贱，微笑都是我们拥有的最有力的武器。只要你想，你就能在恰当的时候把它释放出来。这根本不需要专业的训练和我们苦口婆心的劝导，只要你启动自己的本能，在内心种下善意表达的种子，懂得向他人展示你友好的问候！

你的笑容就是你情商最好的信使，善意的笑容能照亮所有看到它的人，并让他们回复你同样的真诚。我已经说过，真正的成功者，是让别人走近你，而不是你靠近他。微笑就能起到这样的神奇作用，无论何时，不管在哪个国家。

那些整天皱着眉头、愁容满面、对笑容视若无睹的人，现在请不要再无动于衷了。你的笑容将像一轮穿过浓浓乌云的太阳，当它绽放时，所有的忧愁都将跑开，你将吸引一切有益的事物聚集在自己身边，命运马上就能得到改善。

尤其对于那些受到来自上司、客户、朋友、父母或者家庭的压力的人来说，一个简单的笑容能使他们了解到，原来自己不是这么无能，我可以赢得别人的关注，得到应该有的欢乐。

卡林公司有一则广告，它的广告词毫不吝啬地给予了微笑极大的赞美：

> 它没什么成本，但却创造了很多成果。
>
> 它丰富了那些接受它的人，而又不会使那些给予的人陷入贫苦。
>
> 它产生在一刹那之间，却给人永远的甜蜜回忆。
>
> 没有一个人会富得不需要它，也没有一个人穷到不会因为它而改善命运。
>
> 它创造了家庭的快乐，建立了商业好感，而且是朋友间的最佳口令。
>
> 它让疲倦者得到休息，让沮丧者迎来希望，送给悲伤者阳光，同时它又是大自然的最好的一味良药。
>
> 因此，当你想让每个人都喜欢你，请永远遵守这一条规则：微笑，不管何时何地。

请尽一切可能训练自己从心底发出微笑，它能帮助你传达许多情绪信息，对每个与你接触的人说：我们是朋友，没有比这更好的事情了！

当对方给予你回应式的微笑时，他已经在告诉你："谢谢你，你让我体会到了幸福。"

你的微笑让对方感觉到他是一个值得他人表示好感的人，从而收获了被肯定的幸福感，所以他一定会快乐地对你微笑。这便是微笑那么容易感染人的原因，这完全符合积极的气场会形成积极辐射的原理。

美国密歇根大学的心理学教授米柯纳的研究表明，那些面带笑容的人，比起紧绷脸孔古板不已的人来，他们在经营、推销以及教育方面更容易取得成就。一个最简单的笑脸也比最复杂的紧绷的面孔藏有更丰富的情报，因为它更有感染力，更有可能在人际互动中占据主动，形成你无可抵挡的气场。

这就是我想说并一直强调的：越简单的表情就越有力量。但现实是，大多数人总是带着一副冷漠的表情，他们始终不自觉地绷着一张脸，从不轻易向人展示笑容。最主要的原因是，他们想抑制住自己内心的真实感情。因为他们从小便接受了这样的教育观念，或者在激烈的生活节奏中自我总结、被他人传染了这样的坏经验："向他人泄露自己的真实情感是一种不成熟的表现，是一件让人感到羞耻与尴尬的事情，所以我还是戴上一副面具好了。"

因此，他们努力将自己的情感深深地隐藏起来，不让人洞悉自己的内心世界。同时，他的潜意识也被压上了一块巨石，气场之源被堵塞了，他变成了一个不会微笑的人，并且是一个不受欢迎的人，走到哪儿都有一堆白眼在等着他。

具有感染力的微笑应该发自内心 ·················

怎样才能产生具有感染力的笑容？这是人们最关心的事情，而这也正是我们微笑训练的主要内容。

每天早晨起来，从洗脸的时候开始，就要对着一面洁净的镜子练习。你需要告诉自己："忘掉昨天的不愉快吧，我要多想一些愉快的事物或令我有成就感的好事，我要学会把这种感情表现在自己的脸上！"

这像一粒种子，在一天的开始便植入气场的土壤，然后你带着愉悦的心情，收紧下巴，深深地呼吸，抬头走出家门，迎接一天的工作。当你碰到朋友时，要以笑脸相迎，和他握手时的力度要足，自信而强力地向外辐射你的气场。

你不必担心会遭到他的误解和嘲笑（如果是，感到羞愧的应该是他，而不是你），只需要在内心不断重复快乐的信念。当你反复做这些事并养成一个好习惯时，你会发现周围的人或事已经如你期待的那样顺心合意了。

一切都将变得不同，只要你的微笑是发自内心的。你想到的快乐之源应该是那些真正值得高兴的事情，生活中的快乐瞬间，上帝赐予你的生命之光。你发自内心地感恩和满足，而不是靠肌肉的变化制造出虚伪的表演。如此一来，你就可以改变他人的情绪与反应。这是一个极为简单的方法，你只要每天早晨站在镜子前面练习微笑，在短时间内你的性格就会有所改变——向着积极和美好的地带大步前进。你会发现，以前连假笑都不会的你，已经渐渐地能传达自己的情绪并影响他人了，在悄无声息之间，已经与他人建立了友好的合作关系。

更重要的是，微笑可以对内改良气场，它让我们产生放松的身体状态，而放松的身体状态与紧张的情绪状态水火不容。因此当你绽放笑容时，愉快的情绪已经随之而来，在内心重造了一个意识宇宙，接下来的生活将是全新的。

美国著名的心理学家、哲学家威廉·詹姆斯曾经说过："动作与感情是并行的，动作可以由意志直接控制，可是感情却不行，必须先调整动作，才能够间接地调整感情。我们是因为跑而害怕，笑而愉快的……"

没错，当你学会了微笑，我们的行为基础也会改变，就在真诚微笑的那一瞬间，我们已经跨进了另一种行为模式。它将是有趣而高效的，所带给你的回报就连你自己都感觉到不可思议。

赞美是气场的窗口

微笑和赞美就像一对密不可分的亲姐妹，如果你在对他人真诚微笑的同时，能恰如其分地送上夸赞或者发自内心的恭维，这给你的气场带来的好处将更加不可估量。几乎所有的成功者都精通赞美的艺术，这并不功利，也并非为了达到特定的目的而设置的交际手段，而是为了帮助我们擦亮双眼，洗涤心灵，以最大的善意去对待这个世界。赞美不仅是美德，更是一种高贵大气的修养。

我们掌握赞美他人的一般技巧时要遵循6个基本原则：

1. 它必然出自真诚，因为真心无价。

2. 赞美的前提是了解目标，聪明地投其所好。

3. 赞美的目标是引其向善，而不是利用和攫取，给他美誉并收到积极回应。

4. 任何细节都值得你送上最华丽的词句。

5. 善于把握时机，请不要迟疑，也不要猴急。

6. 赞美要有新意，陈词滥调只会损害你的气场。

莱顿曾经问我如何才能正确地赞美他的上司，那个总喜欢拉着脸的变色龙。没错，当人们想到要运用赞美的技巧时，第一个对象通常都是领导或者重要的客户。

很显然，与上司建立良好的工作关系，对我们的工作有百利而无一害。正像培根所说的，这是彼此信任的问题，而称赞就能建立这种信任。换位思考来看这个问题，如果你知道别人在背后是称赞你的，你一定倾向于加倍地喜欢他和欣赏他，因为这清楚地表明他是真心喜欢你的，尽管这可能是一种高明的伪装，但他成功地让你感受到了他善意的气场。

　　这就是我送给你的第一个关于赞美的重要建议：背后的赞美最为可贵！

　　与此相反的是，你如果知道别人在背后批评或讽刺你，一定对他十分反感，甚至会想找他决斗或者当面还击，因为你一定感觉到他的内心是十分讨厌你的。

　　任何人都喜欢那些给了自己"我喜欢你"印象的人，讨厌背后攻击自己的无德之徒。请注意，很少有哪一个上司不喜欢被下属恭维，尤其是在背后给予他无比的推崇，这是由管理者超乎一般人的强烈的自我价值肯定的愿望所决定的，他们一贯拥有被下属拥戴的强烈心理需求。

　　于是我告诉莱顿："不要再当面向你的上司夸赞他的计划是多么完美了，你可以把观点统统告诉你的同事，趁他不在办公室的时候。"

　　一个月后，莱顿升职了，事实就是这么简单，可总有人喜欢把它搞复杂。

　　喜欢听好话，讨厌一切逆耳之言，这是人类很难改掉的一大弱点，你为什么不能加以利用呢？人们的气场总是有各种各样的缺陷，甜言蜜语恰恰是一把锋利的武器。我建议人们一定要小心别人的美言，但自己却要精通高级马屁术。有头脑的人总能在别人的友好表示面前尽可能地进行冷静分析和揣度，但他们同时又是一个高超的献媚者，拥有最好的献媚术。

　　我送给你的第二个重要的建议是：人们需要的是恰如其分的称赞。

　　在赞美中，你要让对方从中了解到自己哪些是应该保持的优点，而哪些是需要克服的缺点。但同时，不要让你的赞美保持太长的时间。要知道，听得太多的荣耀就不再是美誉，而是最大的讽刺。在赞美对方的同时，时不时地送上一些不怎么刺耳的批评，会起到更好的效果！

心理学家认为，这是一种"得失效应"。人们喜欢那些对自己的喜欢显得不断增加的人，而不喜欢那些对自己的喜欢显得不断减少的人。老生常谈的赞扬话不能使其增值就会立马贬值。

现在，我们得到最有价值的结论了：当一个人处境不利，缺乏自信，或者处在不为他人所接纳和赞许的情况下，他最需要的是肯定性的评价和支持。这时你恰当的鼓励性称赞就如同雪中送炭，给他以心灵的支持。然而在他得到交口称赞的情况下，你的锦上添花未必会使他感到喜欢，有可能只是多此一举。

下面要说的则是我的第三个建议：<u>时机恰当的赞美才会给对方带来最大的震撼</u>。

很多人一定听说过俄国"波将金村"的典故，这个村庄全部是用坚硬的纸板搭建而成的。有人据此认为，波将金在伏尔加河沿岸构建这些村庄是为了高贵的叶卡捷琳娜二世女皇和她那些显贵的外宾坐船经过此地时，给他们留下一个良好的印象而故意造的假，是一次不算高明的伪造。但当代的历史学家说，实际上波将金这样做的目的并非完全如此，他为了让"老板"的脸上有光彩而经常布置一些壮观的景象，构造一些形象工程。

波将金只不过做了聪明的下属应该做的事情，而其他人做这种事的

125

方式不如他那样引人注目罢了。他非常精通真正的赞美之道，哪怕看起来就像是有意的讨好，但他能够使自己的上司脸上赢得光彩，从而得到女皇的青睐。不得不说，这是一种公认的好策略。

最重要的目标是使被夸赞的那个人显得明智和富有智慧，这是赞美者的目的。我告诉莱顿："你千万不要自己跑到会议室公布你的新计划和商业点子，你应该用书面的形式写下来，让你的上司在会上宣读。"

一切都是为了让他感到脸上光彩，他不但高兴，而且对你心生感激——这代表你希望让他分享你的才华和功劳。莱顿领会了我的建议，他在高盛公司如鱼得水，做得棒极了。然后我们毫不惊奇地发现，他与上司建立了十分牢固的关系，两个人成了高盛公司里的同盟者。

亲爱的读者，最后我再送你一句精明的英国人说过的话："一个人在世界上可以有许多事业，只要他愿意让别人替他受赏。"

以下是一些有重要作用的提示：

1. 你不要急于表现自己，以对方喜欢而且是你接受的方式完成工作，随时随地抓紧机会送上你对他的欣赏，并且永远站在盟友的这一边。

2. 以你的态度说明一个事实：我是你的好朋友，我会尽己所能支持你。当你努力展示诚意时，即便是傻瓜也能体会到你善意的气场，并对你日渐产生好感。

3. 听到有什么对他不利的谣言或者传闻，不妨悄悄地转告，既排除你的嫌疑，又表示对他的支持。

4. 注意措辞与表达方式，说话时需要简明和直接，不要绕弯子，更不要猜谜语。

5. 必须摒除对任何人的偏见，事事替对方着想。相信我，当你主动为他人着想时，你的收获一定会成倍增加，因为这是最好的赞美。

6. 最后请你牢牢记住：以"我"为核心的思维方式，会让你逐渐与人疏远，因为你缺乏站在他人立场上进行思考的能力。你的气场对外排斥力极强，就像一块总释放推力的磁铁，使人退避三舍。这很糟糕。

◎怎样惩罚自己的错误

像我们所有人对自己的期盼一样，你梦想成为一个情商高尚的人，由里到外提高气场的质量，哪怕"我看起来要因为高尚的品格吃一些眼前亏"。你也已经作好了改变自己的决心，向那些曾经高高在上、如今变得真实和简单了的优秀人物学习。但是，即便你已经雄心勃勃地迈出向前的脚步，准备进入艰苦的漫长旅程，一点也不后悔自己的选择，我仍然要提醒你，亲爱的读者，在这个星球上很多最伟大的人物那里，最重要的品格或许从来都不是"怎样创造和分享"，而是他们如何对待自己的错误。

"当你的气场不尽如人意，或者当你不经意间犯下后果糟糕的过失时，作为一心想让自己变得强大的你，懂得一些惩罚然后调整自己的手段吗？你要知道做错事就要付出代价，没有任何错误不会遭到惩罚。但同时，你要学会压迫自己发挥最大能量。这不仅是一种反思的气场，随后的调整更加重要。"

安迪坐在我面前，听到我的话之后似乎还没有从一场沉重的噩梦中醒过来。上个月，他犯了一个小小的失误：从法国一个小镇赶赴机场时忘了带上机票，延误了航班后将自己的失误怪罪到了妻子莲娜的身上，两个人发生了争吵。

这本来是一件小事，如果是擅长控制情绪的人，也许吵几句就会重归于好，但安迪那天的表现实在让人失望。他大吼大叫，瞪着眼睛，就像一头暴怒的狮子，不停地辱骂妻子，并且发生了身体接触。他打了莲娜，然后莲娜也打了他。

"你为什么要这样对我？"他们互相质问着，像十几年来从来没有任何感情的陌生人。

我们都会有这种时候，对吗？突如其来的愤怒、怨气，好像在刚刚发生的错误中，处于正义状态的一直是自己，最亲近和最无情的敌人联合起来陷害"我"！我为什么要受你们的摆布，你们到底有什么目的呢？如此古怪的想法总会突然从头脑中喷涌，继而让自己的全身笼罩上一层破坏力极强的黑色之气。

安迪变得攻击性十足，他伤害了妻子。第二天早晨，妻子独自一人回到了美国。两个人的冷战是长期的，这件事惊动了双方的父母，还有社区管理机构，为此有专职的社区人员登门拜访，询问莲娜是否需要报警，因为安迪涉嫌暴力侵害。

"不，我不需要。"然而莲娜还是因此去看心理专家了。

安迪认为自己一定有些地方出了问题，在朋友的推荐下，他来到了纽约，苦恼地对我说：

"保罗先生，我认为自己需要改变，否则我可能早晚有一天会进监狱的！不愉快的事情发生得实在太多。"

"没有这回事，安迪，你最需要的是陪我喝杯咖啡，然后静静地回忆，像流水一样把事情的来龙去脉告诉我这个陌生人，我愿意做你最好的听众。"

我对安迪提出了三个建议，这是解决问题的必由之路：

不要偏袒自己

永远不要采取排他性立场思考事情经过，尤其当你感觉自己有可能犯下错误时。当前的现实是，人们总是站在自己这一边，将错误像球一样踢给旁边的任何人。如果你怀疑他是不是某个环节出了问题，他会毫不犹豫地对你大声质问，将全部责任扣到你的头上。

"哦，这跟我有什么关系呢？我向来兢兢业业，努力为公司作贡献。"

"一定是你的错误吧，因为我就像老板的左膀右臂，始终忠诚能干，承担大多数重任，请不要诽谤我！"

"没错，一定是他，要么是你，我都看得清清楚楚！"

将错误丢在一边，为了保护自己"大打出手"，这样的氛围随处可见。即便微软和谷歌这样的超级企业，在他们顶级品位的办公楼里，每天也在发生着如上一幕！"将自己与错误隔离开来"，职场前辈这样教导你，于是你成了永远不会犯错的白宫的"五好政客"。

真是怪诞极了，我仿佛看到了一颗颗坚硬的玻璃球在碰来撞去。这就好比安迪对待他亲爱的莲娜一样，他的第一反应总是"我是对的，错的永远是你"。他的立场坚不可摧，哪怕其实是偏颇和有失公平的。

安迪应该明白，他的问题是没有考虑妻子的感受。那天，她为他做了可口的早餐，打点好衣服，给在美国的儿子打电话，通知他他最想念的爸爸马上要回国了，还给他带了最漂亮的礼物。她已经做得非常出色，几乎没有给自己留下一丁点儿空间，而本来她可以在被窝里多睡一会儿，听几首音乐，享受一个温暖的早晨。如果安迪想到这些，他就能够认识到一个听起来可能很严重的反问：

在她尽心尽力协助我的生活时，我为她做过什么？难道只是抱怨和攻击吗？

像追逐恋人一样寻找问题

究竟是哪个部位出现了裂痕，才让真诚与平和之气全都跑得无影无踪？安迪如果缺乏修补气场的决心，依旧一味执著于最初的判断，赌气捍卫自己绝不容侵犯的"尊严"，他在妻子、父母和邻居眼中的形象只会继续下落。他应该摆正心态，认真地对待这件事——寻找自己犯下的错误，反省内心的伤害性情绪，直到彻底醒悟为止。

你若心浮气躁，急于定论，你会看到"一"正在无限放大，而"二"或"三"变得几乎可以忽视。但真实或许距离"一"是最遥远的，它就在你的背后藏着，而你却执拗地不肯转身。

"安迪，现在请你将这些不愉快的经历当做一次穿越时光的初恋吧，鼓起你最大的热情，投身其中，把你应该看见的致命问题找出来！"

"我还要念念不忘这件事吗？"安迪并不理解。在他的预料中，似乎我应该像其他的心理咨询师一样劝他尽快忘记过去，而不是让他继续在其中纠缠不清。

"因为你还没有对自己作出交代，妻子对你的误解还在加深，生活的糟糕不会因为你失忆就变得雨过天晴。安迪，逃避从来都不是解决问题的办法，你应该用它来惩罚自己，一直到想清楚为止。"

即便是一个最微小的错误，我们也要下定决心，插上翅膀飞越曼哈顿大桥也要把它找出来。一个对自己负责的人难道不应该如此吗？许多人的气场在面对错误时总是变得无比懒惰和虚弱，祈望时间替他们解决一切，现在我要告诉你，时间只会让种子发芽，绝不会替你消除顽固的错误！

制订改善计划 ·····························

最重要的一步，是你要用正确的计划来给自己的"愚蠢"狠狠一击，使健康气场的裂痕得到实质性的修补。只认识到错误并责骂自己是毫无意义的，它会在你本来就黑色灰暗的气场之上套上一道钢铁般的枷锁，让你长时间陷入委靡不振的状态。

请相信，无论你的生活出现什么瑕疵，只要你认真执行这三个步骤，一定可以让你重新赢得尊重，你会因为这"漂亮的跃起之姿"更有魅力。

安迪为了赢回妻子的心，按照我的建议做了很多功课，他真正开始忏悔，这才发现以前的自己是那么粗鲁和可恶：

1. 他从没有给过妻子生日的惊喜，甚至很多次忘了那一天是多么重要的日子，直到深夜还在忙于工作和应酬！

2. 家务对他来说简直是世界上最可怕的活儿，他宁可蹲在门外的草坪上给过路的老鼠摘跳蚤，也不想踏入厨房半步。

3. 他脾气暴躁，遇事经常欠缺思考，且不听家人劝说，还跟父母进行过冷战。

4. 为了一次过瘾的NBA总冠军赛，他谎称身体不舒服，躲在家里盯着电视机看得津津有味，让妻子一个人去医院看望她刚动完手术的妈妈。

5. 他的工作总不顺心，跟同事矛盾不断，但从来都觉得自己有理。

6. 在邻居的眼中他是出了名的怪兽，得了一个"蝙蝠"的绰号。这可是美国人最讨厌的动物！为此他跟邻居大干一场，还怪妻子不跟自己一伙！

7. 当他从通用汽车公司离职时，像孩子一样挑衅上司，扬言"别让我看见你，否则一定让你成为泄气的轮胎"，回家后还得意扬扬地向妻子夸耀自己当时出尽了风头。

8. 没有什么是他真正在乎的，包括儿子的成长，这从他去幼儿园的次数就可以看出，以至于宝贝儿子向老师抱怨自己的父亲就像拴在电视机前的雕塑。

9. 自私，抠门，冷漠到了极点，这是他常听到的话。他以为这些让人难以忍受的评价是送给别人的，现在才明白：原来这就是他自己，在社区臭名远扬的安迪先生！

10. 他从不认为自己有错，向来目空一切，唯我独尊。家人、朋友和同事在他眼里只不过是最佳的陪衬，直到今天他意识到自己才是不折不扣的小丑。

安迪几乎想立刻痛哭一场，他羞愧极了，然后他为自己今后的人生制订了改良计划。

他首先去向妻子道歉，请她原谅自己。"我这才发现自己是多么无能，莲娜，我始终在你的宽容下无所顾忌地活着，真的就像一个没长大的孩子。现在，我真诚地请求你给我一次机会。"他再也没有往日"我是美国第一号大男人"的狂妄神采，取而代之的是惭愧和告别过去的决心。

莲娜点点头，不再去看心理医生，她决定给安迪一次机会，但同时她仍然抱有怀疑态度，因为安迪的话从来都让她不敢百分之百地相信。

其次，安迪在一个重要的节日给社区的每一家邻居都送了一份礼物和一封简短的信，上面写着：你们相信蝙蝠会变成熊猫吗？

邻居们在内心的回答异口同声：绝不相信！

但是安迪确实开始了艰难的转变，在我的鼓励下，他对自己的修复计划充满了斗志。他执行了整个计划对于他的全部要求，在一周的时间内，他每天定时出现在街道上，对每个人都展示他发自内心的微笑，虽然这种骤然的变化让邻居们吓得不轻，还以为他在酝酿什么阴谋。但是第三天，人们真切地感觉到了他的诚意，开始和他进行良好的互动——积极的气场效应产生了，人们接纳了他。那个礼拜，安迪成了最受关注的社区红人，并且第一次得到了大家的掌声，当他主动为克莱尔夫妇修复风灾中受损的房屋时。

安迪给他的上司写了一封信，对自己的无礼表示歉意。他希望那位向来严肃的上司不要被他的幼稚伤害，"请别跟我计较，我是一个对真诚缺乏认知的人，但现在我知道了，希望有一天可以当面向你道歉"。当天晚上，他就收到了来自通用汽车公司的邮件：谢谢你，还能把我比喻成轮胎，这正是我向往的工作。

然后他就笑了，原来当你抓住时机，理解一个人就是这么简单，也是如此美妙！当他明白审视和改进自我的意义之后，生活顿时充满了快乐，他再也不是那个整日挥舞胳膊、怒气冲冲的安迪了！

过去，现在，未来，在这个星球的各个角落，总有一些人摔了跟头，爬起来之后，认为这全是地面的错。"都怪这颗石头和这个该死的坑！"有多少人总怀着这样"无辜"的心态并将它遗传给自己的孩子，让他也成为一个不懂审视自身的人呢？

当你因为自己的懒惰或不小心等问题导致计划失败时，或者因为你不够尽力，没有达到预期效果时，我总是建议要在反思之后给自己一次印象深刻的教训。

10年前，我在大学中失去了一次与人合伙投资股票的机会，就曾经强制性地命令自己一周之内不许接触任何股票信息。然后在一周之后的每一天我都在思考，我之所以会把事情搞砸，问题是出于事后还是事情的过程中呢？我有哪些地方做得不对，难道仅仅是因为上帝没有照顾我吗？

最后我找到了原因：我发现新事物的能力严重不足，只是沉迷于体育活动和心理学研究，对这个商业世界的变化缺乏足够的敏感。

那一次长达一周的"自我惩罚"对我的生活产生了非常积极的影响，让我至今都保持着严谨思考的良好习惯，因为从那时开始我决定不能再马马虎虎，只顾钻研那些科目的细枝末节。

我对自己发出了动员令："高原，请你尽快融入这个社会！"正像我今天对安迪所作的劝告一样，不要再以为自己是绝对正确的——那仅限于一颗狂热地希望证明自己的心，除此之外我们做的任何事都可能犯下错误。

对一个正确的程序来说，惩罚与反思必须是一体的，就像一个人的左脑和右脑。当你犯下一个错误时，你不能只顾着给自己实施报复性打击，重点是冷静地思考：问题出在哪里？如果是在执行过程中出了问题，那么应该检查自己的执行过程为什么会出现偏差，以及今后如何避免；如果计划本身就错了，那就应该从头再来，重新绘制努力的蓝图。

当你重新开始制订计划时，你就要学会进行真正的目标管理：确定一个可行的目标，把这个雄伟的大计划细分为许多的子目标或者微小而具备实际可行性的步骤，每个子目标或步骤都一定要设计出一个有明确时间限制的进度表。记住，一定要白纸黑字写下来。

在每天睡觉前，我建议你把自己的计划进度表拿出来看一下，完成得很好的就打钩，完成一般的画个圈儿，因为特殊原因没有完成的，则打上一个问号。这是一个积极的心理暗示，告诉自己需要思考原因，并且要在明天及时补上。这样，你可能会耽误一些时间，但一定不会错过整个计划。

错误总是这么慢慢减少的。在我们因为一些失误将事情搞砸时，最好的惩罚莫过于开始做更详细更科学的计划。等你养成好的习惯，计划一有拖延，你就会吃不好睡不香，这时，你离拥有一个精明强干的气场就为时不远了。

◎ 永远不要无精打采

对任何事情都漠不关心是一种最危险的状态，它比热情过度的危害还要大，因为这意味着你对一切积极的东西失去了兴趣。当金钱、房产和股票这样的物质诱惑也不能打动你的时候，那就要考虑给自己来一场心灵革命，否则冷漠的气场形成的巨大惯性会让你白白浪费十年的时光。

对此，我的手段或许会让你大吃一惊，因为你会发现这根本没什么稀奇的，都是众人皆知的生活常识，难道不是吗？然而，我们最大的悲哀恰恰就是从不重视常识，只去关注那些没有价值的东西。

★请保证每天晚上在11点钟之前进入睡眠。

关于11点之后才上床休息的坏处，几乎每个18岁以上的美国人都心知肚明，中国人当然也清楚，但这些嘴里喊着科学精神的人却有超过70%的比例都会在过了零点以后才爬上床。在此之前，他们的夜生活丰富无比，释放完全部的精力才会考虑合上眼皮做个不怎么精彩的小梦。这是很恐怖的潜能量自损状态，请听从我的建议，不管你当时想不想睡，到了时间先躺到床上再说。睡觉前请不要喝咖啡或茶，也不要吃太多的东西，有时候我们肠胃的压力大，会非常影响晚上的睡眠质量。睡之前最好喝一杯牛奶以保证身体的健康。这对我们极为重要，因为这是你第二天的精神源泉，可以为你提供最大的保持气场活力的动力，以免透支身体的潜能。

★请在7点钟之前起床，无论这一天是否有重要的事情。

尤为重要的是，早晨起床洗漱后，你要对着镜子很精神地微笑，因为有时候疲劳只是一种心理上的消极行为。我们的身体并不累，它们斗志旺盛，很想做点什么了不起的事，但内心的懒惰掌控了主导权，让你的全身都展现出松散而懈怠的气场。

这种主动的调整有益于激发我们积极的心理暗示：今天我很快乐，一定很快乐，我要主动地生活，对一切好的事物感兴趣。然后喝一杯清水。准备完毕后不要待在室内，最好是到空气清新的地方跑跑步，呼吸一下新鲜空气。如果你还是学生的话，可以到室外读读书。如果你是业务员或者工作忙碌的职员，请先吃早餐，然后精神抖擞地出发，开始新的充满活力的一天。

★在中午12点至13点最好睡一会儿午觉。

人到中午的时候都比较疲惫，确切地说，此时是一天中气场的调整期。只要你愿意或者列入计划之中，应该是很容易入睡的。但午休时间绝对不要超过一个小时，否则你一个下午的时间都会被浪费。即使你当时不想起来也要强迫自己赶紧清醒，用冷水洗个脸，开始下午的工作或者学习。相信这个大众经验吧，只需要一个小时，你的活力就已经得到了补充，气场就像上午那样充盈，精力重新恢复了满分。

以前我在纽约时也有过这种毛病，每天晚上习惯性地失眠，一般到凌晨4点多才睡，而7点不到就醒了，然后一整天都不会有瞌睡的欲望，但是人却很疲惫，做事也没有精神。我常想，是不是身体要发生什么疾病呢？可是没有。我很苦恼，因为那段时间任何事情都让我打不起精神，好像所有重要的工作都与我无关了。别人的微笑、痛苦和来来往往的朋友，都如同窗外的过客一样，和我没什么关系。

后来我为自己制订了严格的作息时间表，没有任何理由地坚持了一段时间就好了。你要知道，当我们调整气场时，无论任何计划，刚开始都很难得到坚持，需要付出强大的意志，绝不能容许内心的懒惰占得上风。尤其是对于很多贪睡狂和夜猫子而言——当然还有早就习惯在晚上工作而白天藏匿无踪的人，我想他们的气场衰退速度是这个星球上最快的。

★ **能量的补充永远都很重要。**

每天的饮食一定要搭配合理，吃的方面不一定要很麻烦，但至少要有规律。比如早上你一定要吃早餐（请尽量清淡不油腻），中午一定要吃午餐（进食要有营养，肉类、蔬菜类要均衡搭配），而在下午一定要吃晚餐（但不要吃得太饱）。每一顿饭都是不可或缺的，再紧急的工作也不能超越进食的重要性。只有充足的能量，才能保证我们的活力不会受损，气场不会被透支。但到了晚上9点之后，就请千万不要再吃东西了，因为这对我们的肠胃是一种折磨。一个下午4点才起床的人，他连早餐和午餐都没有吃，没有经过清晨阳光的沐浴，气场就像一个灰色的气球，当他还没调整好状态时，天已经黑了，他会有足够的精神去关注那些必须集中注意力的事吗？

要想每天精力充沛，你就必须保证有良好的睡眠、合理的饮食和适

139

量的运动。还有，我希望每个人都学会让自己科学而有规律地忙碌，如果你的心理上认为"我每天真的没有事可做"，那你可能就会真的无所事事，会不由自主地精神懈怠和无精打采。

◎ 请小心"口号陷阱"

你有多少事只有计划没有行动？

花哨异常的口号最终将消耗掉一部分人的才华，甚至会是他的全部人生。这没什么可奇怪的，对于一个人的气场来说，最可怕的是这个人只有口号，不见行动，只有计划，没有实施。在他身上永远都是空荡荡的思想，声音大得像"挑战者"号航天飞机，但最终它掉下来了。

野村证券的小伙子中贵井一向我讲过他的故事。作为一名热情洋溢的证券从业者，井一满怀理想跨进了这个行业。他在大学时就很优秀，这是所周知的事实；他在邻居中口碑极好，是妈妈四处夸耀的好儿子；他在客户那里的印象也不错，因为他总是充满灵感，能够提供许多让人眼前一亮的方案。

但是半年后，井一被辞退了，形象一落千丈。原因只有一个，他太擅长"理想表演"了，勾画了无数的美好蓝图，却没有落实为具体可见的行动和策略。客户被他美妙的前景展望吸引进来，将大量的资金投在这里，但结果却是在他这里赔了一大笔钱，像是掉进了一个只进不出的黑洞。野村证券的负责人忍无可忍，无情地将他驱逐出门。

随后他来到纽约寻求新的人生机会。他要改变，所以他听说我们的培训后就来了，决心重新剖析自己的气场，在这里得到完全的新生。

只有口号没有实质行动的陷阱无比害人。我对井一说："你现在很懊恼、后悔，很想杀了自己，但这没用，一点作用没有，你需要的是振作起来。行动和悲伤是永恒的敌人，肌肉紧张，手指紧扣，双腿跳跃，都没有作用，你现在脑海中尽是手边马上该做的工作，难道不是吗？所以你不应该自艾自怜，懊恼悔恨。只有行动才是治疗任何伤口最好的止痛剂。"

如果没有长远的计划，你就是别人计划中的一部分；但如果没有行动，你只能是美妙的计划书上一个不起眼的墨点。

相信这一点吧，没有人会越俎代庖，主动过来帮你实现梦想的，如果你不奋起行动，再好的计划也只是痴人说梦。我告诉井一先生他要振作起来对抗那些磨掉他锐气的冲击，改掉过去的坏毛病，改掉一贯的恶习。总而言之，他需要果敢地行动起来，哪怕会担一定的风险，但总比当妈妈眼中的温室孩子要好。

"井一，你最好能对别人怀疑的眼光一笑置之，并且勇往直前。如果从现在开始你只追求安逸的生活，而不是工作，想逃避过去的不光彩记录，那你失去的会更多。马上让自己忙碌起来吧！"

打破口号陷阱的三个步骤：

★ **去掉不必要的计划。**

想一想有哪些计划是毫无必要的垃圾信息？我们每天都在制订很多计划，梦想多得像纽约广场上的游客，充塞着大脑和内心，但真正具备可行性的却少之又少。想法都是潜意识随机产生的，之后大脑形成了一个模棱两可的蓝图，我们就觉得它好像很有实现的必要，占用了相当一部分精力。所以，摆脱"无用口号"困扰的第一步就是挑选出那些没有必要的空头计划，将它们踢出你的脑海，为真正有用的蓝图腾出广阔空间。

★ **重新定位目标的合理性。**

找到没有付诸行动的原因。许多目标之所以无法实现，是因为我们找不到它可实现的合理性，比如，我是否真正作好了准备？市场调查我有没有做到位？它需要我投入多少成本，能带来多大的回报？我还需要为了这个计划做哪方面的工作？它的短期回报和长期收益是多少？所有这些功课形成了计划的合理性。井一的问题就在于，他为了增加自己的客户资源，盲目地许下了未经合理性验证的美好前景，不经详细的考虑就预定了一块大蛋糕，等到自己定下神来准备一展身手时，才发现摆在面前的是一个无法完成的任务！这是他陷入口号陷阱的最主要原因。

★ **监督进度，每天都要有进步。**

当计划确立之后，为它的实施设立严密的督察制度。即便一个小小的计划，也要规定自己的进度，定时检查。因为松散的气场通常是难以控制的，像井一这样喜欢随口说大话的人就应该给自己加上一定的强迫性，否则他即便认识到了自己的问题，也难免在今后的工作中再次陷入难以摆脱的恶性循环。

防止目标的伤害：告诉自己已经很成功

当为自己定下的目标太多、太高而无法实现时，你一定会产生强烈的心理落差，觉得自己很失败。请注意，这个世界上总有超过80%的人经常体会失败感，因为我们的欲望实在太多了，而这个星球提供的机会又太少。所以，目标通常会反过来伤害它的设定者，告诉他不是什么事情都能够顺由他的心意，想做什么就做成什么。

现实中的人们难道不需要知足感吗？我常告诉那些因为毫不满足而遭受严重损失的人："缺乏抑制的野心害人害己，先生，你之所以这副表情，是因为你不懂得低头看一看脚下。"

当你实在无法爬上山顶时，回头看看山脚的风景，你会发现自己已经很成功了，因为山脚堆满了更多的人，他们连迈出第一步都不敢。

请你记住：贪婪的人永远饿肚子。

"当我得到一百万美元时，我还想得到一千万、一亿。所以当我失败时，我感到了屈辱。我总是体验不到成功的滋味，即便在赚得第一桶金时。"

这是班博公司的总裁林奇的感慨，现在他务实了很多，想起从前他总是一声长叹。林奇的公司刚设立时，他的梦想是做美国最大的玩具代理公司，他雄心勃勃地来往于亚洲与北美各地，调研市场行情，打理进货渠道。但是最终他发现，没有足够强大的资金实力和一个好运气，想做到这一点实在是太难了，简直就像是把上帝请到家里陪他下棋一样艰难。

林奇开始的时候不能接受自己的失败，他连续六个月没有任何赢利，只能维持在正常经营的水平。公司职员的高福利也让他不堪重负，一度想关门大吉，回到他旧金山的老家继续当他的玩具设计师，为中国和日本的玩具公司设计卡通形象。作为培训机构的客户，我对他进行了探访，但我发现情况并不像他在电话中所讲的那样糟糕。首先，他的公司没有到倒闭的境地，虽然没有赢利，但也没有任何的亏损，一切运行良好，来自亚洲的各类玩具源源不断，而且他也占据了一定的市场，这是一个很好的开始；其次，相比于林奇，美国各大玩具代理商的处境都很不妙，负债运营的公司比比皆是，随时可以宣布破产的大公司也像路边的野鸟一样到处可见。

"那么林奇，你还有什么不知足的呢？我帮你翻遍全球，找不到有哪一家公司是在半年之内成为美国行业第一的，为什么必须是你？"

林奇的脸色这才缓和下来，不情愿地点了点头。事实上，他不是不明白，而是需要有一个人来帮他排解内心的情绪。懂得享受现在的林奇放弃了逃避现实的念头，他继续打理自己的公司，就算一分钱不赚，他也决定让班博公司继续存在下去。现在，他的公司终于有了赢利，虽说距离美国第一的目标还有很远的距离，但他已经怀着一种愉悦和享受的心情经营他的事业。

　　一个贪婪的人，他的气场就像太阳风一样膨胀，试图席卷一切，最终只会烧到自己。所以，当我们每天抱怨和嫌弃自己设置的目标无法实现时，一定请低下头来调理心绪，让释放过度的野心适当收敛一下。否则，你将永远体会不到成功的快感！

Part 4

气场明星是
怎样炼成的

◎让你光芒四射的三个气场要素
◎ "第一眼"定律
◎交谈的技巧
◎耐心听完最后一个标点符号
◎你至少要拥有一个小团体的领导力
◎打开心灵之窗，不要畏惧"感冒"的风险

◎让你光芒四射的三个气场要素

自信：让人爆发潜能 ···

在二战后期，强大的苏军兵临柏林城下，德国战败已成定局。柏林饱受战争摧残，到处是断壁残垣，在一片倒塌的废墟上，普通的德国人民自发扯起了一面条幅，上面写着："我们的墙破了，但我们的心没有！"

如此绝望的情况下，德国人仍然对国家的未来充满希望，他们相信终有一天德国会重新崛起。正是这种强烈的自信使今天的德国工业生产能力占整个欧盟的一半！德国仍然是欧洲乃至全世界的强国，在制造业和高科技产业，即便几乎垄断了世界的美国也不敢小瞧德国的地位。

自信是一种最重要的气场。一个人的成长，乃至成功，往往就靠这种发自内心的信心。相信我，信心会引导你对事情的判断。判断正确与否，不仅决定你在一件事情上的成败，更重要的，它是你走向不同方向的分界线。相同的两个人，他们有着同样的条件，处在同一环境中，但其中一个人突然就上去了，而另一个人却可能永远都上不了这个台阶，最重要的区别是他们作出了什么样的判断。

　　在其中，信心具有决定意义。一个对未来充满自信的人，相比那个充满自卑的家伙，他们的道路是截然不同的，绝不会有任何交集。十年前处在同一起跑线，十年后你就能惊异地发现，两个人的命运有着天壤之别。在我周围，总是有很多这样的人，他们只是因为"我行还是我不行"的一念之差，结果就一切都不同了。

　　○**自信就是帮助潜意识摆脱束缚。**

　　○**自信是战胜恐惧的渴望。**

　　○**无论贫富，最怕心穷。**

　　在"你是否自信"这个问题上，我们机构所有的培训参与者几乎都会作出肯定的回答。没人承认自己不自信，这同他们对"你是否很聪明"这个问题百分之百的否定形成了鲜明的对照。

　　他们认定自己非常自信的同时，又无一例外地有过恐惧和紧张的经历，他们从侧面告诉了我真实的答案。

　　自信并不是一定会成功的，相反也可能带来失败。我告诉你，建立在成功渴望上的自信并不牢靠。真正的自信是建立在对自身价值的深刻理解上，是对自身气场的信任，而不是功利心的驱使。因为没有人能够永远成功而不失败，许多人即使失败了，他们仍然能够征服别人，气场丝毫不减。

　　关于这一点，我最后要说的是，只有那些不够自信的人才强烈地渴望用成功证明自己，是否成功以及别人是否认可自己，对他才显得特别重要。所以，现在请转变一个旧观念吧：真正自信的人并不在意某些公认的标准，比如是否在某个行业超过了别人，你应该更在意自己内心的感觉。只要你的气场是自信的，你就是永远的赢家。

坦诚：倾听内心的声音

坦诚难道只是一种人与人之间的实话实说吗？显然并不是。我要说的是，你是否对自己有着无比真实的坦诚？如何倾听内心的声音，才是发现自己最大的诀窍。忽略坦诚就是忽略你自己，当你可以认真地倾听自己时，你就能做到加速提升个人竞争力，成为当之无愧的气场明星。

通过坦诚的训练和提升，你将有机会发现使一个人具备强大竞争力的秘密，以及一家财团具备无与伦比的气场魅力的原因。当你将坦诚的方法在生活中加以应用时，所有人都会体验到你"坦诚"的威力，你自己更会领略到它会如何改变你的人生。

莱恩是我最重要的合作伙伴，他不断地用自己的生命在实践坦诚这个主题。和他共事以来，我发现他在坦诚的品质方面下了很多工夫，不仅对别人，更重要的是对待他自己。我亲身观察和经历他的成长，而他成长的速度经常让我感到惊叹。作为机构的重要负责人，正是自己的天赋和坦诚，让他从一个专业的培训师升级成了一位优秀的思想者，从更高的层面上帮助人们在气场提升方面取得成功。

对于坦诚的训练，我们把握了两个方面：

第一，全然的坦诚，无条件交换秘密。

当一个人可以全然地与自己和与他人坦诚相待时，他的生活就开启了一个新的空间，心灵进入一个纵深的层面。在那里，你和他人是可以互相回应的，你会感到被对方看透内心并不可怕。对于一个合格的领袖来说，最重要的特质就是他拥有完全的回应力，他可以百分之百地回应别人的需求。而要做到这一点，基础是他需要对自己和他人全然坦诚，哪怕是一些可能危及自身的秘密，他也有必要和自信对你坦诚相告。

　　一个没有办法对自己坦诚的人，他也没有办法对别人坦诚。当一个人需要掩饰和逃避时，他就没有足够的注意力来回应他人的需求。此时，他和自己是不一致的，在心灵的层面上是分裂的。此时，他的力量和能量就被自己内在的冲突抵消掉了，这让他无法集中自己的散乱气场来达成想要的目标。这样的人不但没有成为主角的能力，也无法担当管理者的重任，因为他连自己也驾驭不了。这也是为什么许多人即便面对一点小问题，也会非常艰难和寸步难行。

　　当然，不坦诚并不意味着他们的物质生活会很糟糕，相反，有时候看起来还不错，很多人都是住在纽约富人区的富翁，但他的生活却充满了无聊和痛苦。他每天都知道自己是欠缺和不够安全的，对自己的生命从来都不满意。他始终在扮演某个角色，或戴着某种虚伪的面具，只是拥有这样的感觉就可以抵消掉他大部分的幸福感了。所以从长远的角度来说，一个不坦诚的人将无法真正享受到金钱和成功带来的快乐，无法拥有鹤立鸡群的气场，这也是我在魅力课程训练中提倡人们坦诚相待、互相倾听秘密的原因。

　　在我们的坦诚培训中，他们学习到了真正的对自己的坦诚，生命中的很多问题马上就消失不见。他立刻就可以在外部世界中经历到完全不同于以往的事物和关系。而这种改变的速度之快，有时候简直可以用奇迹来形容。当我们再次强调"坦诚是一切进步的基础"的时候，他们已经面带微笑，完全认可了这样的观点。

第二，坦诚的技巧、沟通方式的训练。

即便最善意的坦诚也是需要技巧的，否则你会驴唇碰上马嘴。在一次公关培训中，一位男士抱着坦诚以待的"野心"尝试走向对面的漂亮女郎们，但他的"真诚影像"却使他很快被对面的女士们淘汰了。她们对他根本不感兴趣，这真是一次公关失败。因为他没有注意展示自我的技巧和与他人沟通的方式，当女士因为他出众的第一印象选择他时，他主动告诉对方私人电话和家庭电话，并非常直接地问她有没有结婚和小孩，今年多大年龄。正确的方式比坦诚本身更重要，因为坦诚不代表你可以随意表达从而让别人误解你、讨厌你或者被你刺伤自尊心。

宽容：最具征服性的人格魅力

宽容总是最不容易做到的，但正因此，它的魅力才最大。

美国南北战争期间，一位骑兵半途逃离战场，在即将被处死的时候，林肯宽恕了他，最终他成为一个英勇杀敌、战死沙场的勇士。他叫罗斯韦尔·麦金泰尔，牺牲于弗吉尼亚的一次激战中。人们在他的贴身口袋里发现了一封信，他向林肯表达了自己的感谢之情和无比的敬意。因为林肯的宽容，他才成了一名真正无畏的勇士。如果林肯杀了他，他将是永远的逃兵；但宽恕却让他的人生迎来了转折的十字路口，让他得到了一次救赎的机会。

海尔普斯曾经说过："宽容是人类文明的唯一考核。"对个人而言，宽容在我们的人际交往中占据着极为重要的地位，所以每个人都应该以宽容的气场对待他人。除非那个人想把你杀死，否则最好收起我们的利齿。原谅对方的些许错误，这对我们并没有什么损失。

即便是欧美的公司，我也常听到有人介绍他们的职场经验之谈："千万不要得罪你的上司，否则没你的好果子吃！""对于那些跟你作对的，你要坚决地收拾他们……"啊，这真是一场没有硝烟的战争，每个人都在瞪大眼睛、拿着刀子寻找对手。争执和戾气充斥着办公室，上司和下属之间充满不信任，同事之间钩心斗角。所有的人都失去了宽广的胸怀和超群的气场。

一个想成为优秀领导者的人，如果你不拥有宽大为怀的品质，怎么配得上自己的主角地位？若你每天思考着怎样才能以怨报怨，以牙还牙，那就不是大将之风，威望的建立更是痴心妄想。只有听得进不同的意见，包括逆耳之言，容得下各种各样的人，你才能逐渐引领一个优秀的团队。

◎ "第一眼"定律

第一印象就是我们的最佳品牌，因为你可能永远没有第二次机会为自己树立新的形象。无论对于个人，还是公司来说，都是如此。

在日本的爱知世博会举办期间，一名美国记者兴致勃勃地到了那里，但回来时却不无遗憾。日本人准备得精心极了，在那里有许多擅长唱歌、会清扫的机器人，到处是一片高科技气息。但是会说外语的机器人却不太成熟，主办方为它设置了日语、英语等多国语言回答客人简单问题的程序，希望以此减少游客在语言上的困难。然而那些机器人却无法应对实际中千变万化的情况而出现了不少语言障碍。同时，会场内标有英语的指示牌也不多，能讲英语的现场工作人员更是少得可怜。因此，主办方的精心设计黯然失色，并没有给这位美国记者留下满意的第一印象。

尽管这届世博会还有许多精彩的地方，但是这位美国记者已经没有太大的兴趣欣赏下去。他选择了提前回国，并撰写了一篇批评文章，认为那里不是一个值得去的地方。不得不说，第一眼定律生效了。一个品牌的大部分信息都会在第一眼散发出去，而不是通过后来长时间的了解。即便一个知名的电器品牌，它给消费者的印象，也往往是其初期产品，而不是后来的专业服务。

相信我，无论是一家企业还是你个人，事实一定是这样的。

无法避免的首因效应：气场检验的第一关 ·················

我们知道，人与人第一次交往中给对方留下的印象，在对方的头脑中形成后便占据着主导地位，这种效应就是首因效应。它也叫做首次效应、优先效应或"第一印象"效应。一般情况下，一个人的体态、姿势、谈吐、衣着打扮等都会在一定程度上反映出这个人的内在素养和其他个性特征，并给我们留下一种长期的惯有印象。

当你看到一个人时，他的人生阅历和生活处境会明白无误地写在他的脸上。我们可以说这就是气场，也可以称之为命运的映象。那些优秀的成功人士之所以能够吸引众人，很大一个原因在于他的气场很旺，并且具备极强的首因效应，常在第一眼就能向你展示他深入骨髓的魅力，使你不由自主地为之倾倒。许多命运坎坷的平庸之人，也往往就在第一次照面时，将他这一生不可避免的发展曲线全部袒露在我们的面前。

在洛杉矶，我的一位女性朋友曾经告诉我，她的公司有一位女同事，两个人第一次见面时，那个女人看上去脸色灰暗，就像根本没有洗脸便来到公司上班，她的气场给人一种圆滑和艰辛的感觉。果不其然，在之后她们的相处中，那个女人八面玲珑，斤斤计较，而且在上司面前极尽拍马之能事，为了一点小利便出卖朋友，自私而没有长远目光。我的朋友与她始终格格不入，两人还曾经有过不少言语冲突，无法在一起良好合作。最后朋友选择了主动离职，换到了别的公司，为的就是避开这种虚弱气场对自己的影响。

后来的事实证明，她的判断是正确的，首因效应再一次应验了！那个女人结婚后，与丈夫一起租住在又旧又小的房子里，孩子出生以后，生活更加艰辛，而她在公司的表现自然也更加短视。也许再过十年，她依旧是他们办公室里最穷的人。因为在一开始就已经埋下了命运的种子，除非她突然醒悟，下最大的决心改变自己！

来自"第一眼"的吸引力 ·······························

第一眼定律，最具有典型意义的案例通常出现在男人和女人之间。在神秘的造物时代，当上帝把夏娃领到亚当的面前时，亚当的心中一定充满了快慰与满意，他们迫不及待地一起住进了伊甸园。但是《圣经》并没有告诉我们，他们两个人是一见钟情吗？到底是哪些因素打动了亚当和夏娃，让他们立刻就认为应该结合到一起？就像天后碧昂斯在颁奖礼上的惊艳表现一样吸引人吗？她秀出一颗巨大的价值500万美元的钻戒，一下就勾走了观众的眼球，第一印象就应该起到这样的震撼效果？

很显然，对于第一眼定律来说最重要的一定是容貌，男人和女人的容貌有着巨大的差异，互相散发出吸引的信息和气味，让双方情不自禁地觉得：他（她）是我需要的人。

在通常情况下，面部的对称性被认为是最能证明基因优质的标志，也是我们最能招揽异性的特征。所以人们在形成第一印象时，对容貌都特别在意。而且，不论是东方文化还是西方文化，生来脸型对称的男女通常都会被认为是最有吸引力的，他们的初步气场往往大得惊人。就像你在纽约街头突然看到一位惊世美女或者像贝克汉姆一样的帅哥时，你会迅速将脑袋转向她（他），很久都忘不掉这种感觉，甚至会想方设法搞到这个人的联系方式，跟她（他）喝一杯咖啡或者约一次会。

很多专家对此曾经有过专门研究，瓦伦西亚大学生物及生物多样性学院教授埃斯特尔·戴斯菲利斯就认为，人们在婚恋生活中选择一个脸型对称的伴侣，就是在为自己将来的孩子选择优质的基因。但是，有另一项研究结果表明，长相最对称的女性往往会和最有钱的人在一起；长相最对称的男性则丢掉了性爱的纯净，他们有更多的性伴侣，在感情关系中投入的财力较少，而且对感情最不忠诚。我们是不是可以说，第一眼定律对男人和女人而言，有着完全不同的判断标准？

男人似乎会考虑实际的用途，对女人他们倾向于性的考量，对工作、同事和上司，他们并不怎么在意容貌，而在乎"我能从对方那里得到什么好处"。因此，在男人面前，如果一个人拥有超乎寻常的领导力和机遇气场，这个男人就可能很快被征服。

女人的第一眼就远没有那么简单了。她们在意容貌，但她们更多疑，考虑得也更多。女人最想追求的是稳定的生活，包括物质保证，所以有钱男人经常是她们的首选。即便在同性之间，女人也不怎么希望交到穷朋友，而是希望结交可以帮助她享受购物的乐趣、提高生活品位的人。

研究性吸引力的科学家、《性爱密码》作者马里奥·卢纳曾经说过："性魅力和它的作用回答了人们最具野心的目标，这其中最为重大的就是基因的交汇，帮助机体获得尽可能多数量的优质基因。为了实现这一点，男人和女人选择不同的道路，采取不同的调情策略……这些差异就使得人们在寻觅另一半的过程中出现诸多的误区和错误。"

我在这里需要说明的是，第一眼定律只是一个对于气场的判断法则，而不是一个严谨的科学定律。人们的第一眼印象不一定是绝对正确的，有时还带有很大的主观性，这就更要求我们加强这方面的训练和研究。有的人第一眼看举止，所以举止得体的人难免会让人心生好感；有的人看穿戴，还有的人看气质，甚至还会有人看你的背影，偷偷研究你的走姿。对此我们需要一直留意自己的形象，争取言行举止处处得体，不留下一丝破绽，并努力突出自己的优点。

还有一种新的观点认为，魅力、气场、一个人最原始的吸引力往往是不可控制的，它由我们与生俱来的基因和长时间的生活环境来决定。如果遇到很有魅力的人，我们一下子就可以感受得到，并将他们的优秀特征作为我们评价是否有气场的标准。而有些人你第一眼就会觉得有问题，他再怎么努力调整，你都会觉得别扭。其实，这正是一个人平时缺乏针对性的训练所造成的恶劣后果，临时的调整总是收效甚微，要使自己成为第一眼定律的赢家，你必须从现在就开始，作好长期磨炼的心理准备。

成功的第一印象来源于正确的定位

现实中，人们根据最初获得的信息（第一眼）所形成的印象不容易改变，当这种固有的态度形成后，它甚至还会左右对后来获得的新信息的判断。也就是说，当你一开始就认定某个人是浑球儿以后，在相当长的一段时间内，他在你的眼里一定是"不会发生改变的浑球儿"。第一印象就是这么难以改变，这也恰恰证明我们打造良好的第一眼印象的急迫性。不要再失去第一次机会，因为很少有人会给你再一次的机会。

初次与人交往时的印象，决定了我们的气场是否闪亮。所以，你首先要注重自己的仪表和风度，出门之前就要下足功课，不要连镜子都没照就跑出家门。人们都愿意同衣着干净整齐、落落大方的人接触和交往，讨厌那些一身酒气、衣衫不整的粗鲁之客。其次，你要注意自己的言谈举止，一个言辞幽默、举止优雅的人，常能给人留下难以忘怀的印象。

当你把握这两点时，第一眼定律至少不会亏待你。良好的第一印象会对我们的气场的形成起到微妙的作用，只要准确把握和长期坚持，改变以往的不良形象并不是什么难事。

◎ 交谈的技巧

在美国，许多人问我："保罗，我明白交谈的重要性，但我实在不清楚应该如何开始一次对话，特别是同陌生人在一起时，我觉得气氛很尴尬。不管讨论什么，都难以找到最佳的切入点，实在是很难为情。"没错，即便在经过精心准备的训练课程上，他们也常常感到障碍重重，话未出口，内心已一片慌乱。就算那些拥有丰富而有趣的思想的人，有时也会面临这种麻烦，他们缺乏交谈的技巧，总是难以达到最好的效果。

交谈时请放松情绪 ....

有如此多的人发现自己难以成为出色的交谈者，原因在于他们总是情绪紧张，无时无刻不在担心自己所谈的事或流于肤浅，或言不由衷，起不到应有的效果。要不就是害怕自己所讲的东西对交谈的对方毫无价值，可能引起对方的轻视和漠视，又或者交谈方式不适合某种场合。显然，当你陷入这种苦恼时，你就做不了气场明星，更像一名不知该将自己摆在什么位置的气场小丑了。

我的纠正方法是：无论何时，只要人们消除不敢说话的心理障碍，并且让他自己的舌头自如地活动，交谈就一定会顺畅而友好，并且令人振奋。

情绪放松是我们与他人成功交谈的基础，因此你不要时刻紧绷，拼命试图从头脑中挤榨出一些警句和名言。总希望一句话讲完一切是不现实的，时常会弄巧成拙。只有放松下来，不再恐惧的时候，效果显著的名言妙句才会自然而然地产生。

可以这样说，即便在最具刺激性和经典性的谈话中，也有超过50%的内容不仅是陈俗的，而且毫无意义——如果单独把这些句子摘出来的话。至少在谈话的最初阶段是这样，我们无法也不可能直达目的。你能让一瓶水在一秒钟内达到沸腾吗？那只会引起爆炸。只有经过一段加热的过程，双方思想的车轮才会转动起来。有了良好轻松的谈话情绪作铺垫，参与者才会渐渐地使谈话进入正题，你将迎来一次愉快的交谈。

使你的交谈内容变得丰富 ....

如果只是讲一些客套话，再好的情绪最后也会变得索然寡味。我们在谈话之初当然可能只谈些既缺乏机智又毫无意义的事情，这种短暂的铺垫对于营造一种轻松的氛围是必要的，你需要认识到这一点，并且不用担心自己看上去很呆板。不过，这并不应该成为谈话的全部过程。你总要把交谈引入正题，提供让人惊奇的机智之语和有趣的事情，至少是你们彼此都关注的事情。

我告诉你，无论任何时候，你千万不要期望对方一开始就热情高涨，善言者总是等到对方变得热情以后，才试图从他们那里引导出一些有趣的想法。比如他会先问："请问您尊姓大名？您是哪里人？您的丈夫干什么？您准备在这儿待多久？乘飞机来到这座城市的吧？"诸如此类的问题，以激起对方的谈话兴趣。

但是谁会真的关心这些呢？我们都在等待对方的真正目的。寒暄过后便宣告结束的谈话是毫无意义的，只是浪费时间。你需要在合适的时机启动真正的交谈，展现你的风采和智慧，并从中得到你想要的东西。

做到让对方主动谈论自己

很多话题是可以用来引发对方的思想的，比如："汉斯先生，你从哪里来？""你打算在这里待多久？""你认为这里的气候怎么样？""你在什么单位工作？""你对这里的博彩业感兴趣吗？""你喜欢哪一类的美食呢？有时间我可以请你去品尝一下。"这样的话题会轻易地让别人变得热情，因为这都是让对方谈论自己。

当对方主动向你介绍自己时，你的交谈就成功了一半。你的问题表现出你对他的兴趣，而他的回答也体现出他希望你能够深入地了解他，同时他也想更多地了解你。

保持谈话的顺利进行

我始终认为，想成为一位出色的交谈家并不难，这并不过多地依赖于你能想出多少有趣的事情，用精妙的语言征服对方，或者用与你有关的某些传奇般的经历打动那个人，而在于你能否启发、诱导别人讲话，并让谈话顺利进行下去。

如果你能激发别人的谈兴，让整个过程既愉快又顺利，你将获得优秀的交谈家的荣誉。在这个过程中，对方会强烈地感受到你不凡的气场，被你的风度所折服。这是极为关键的能力。是的，你能让别人讲话，并使他坚持下去，所有人都会愿意与你待在一起。当我们达到这一效果时，他就会对你更感兴趣，更易于接受你的观点。

值得一提的是，在此过程中我们要严格注意"你"和"我"的使用，因为"你"在谈话中是一个前进的信号，而"我"则是一个停止的信号。你要设法把谈话引向对方的兴趣点，比如多用一些"为什么""哪里""怎么样"之类的兴趣式的询问，引导他继续说下去，向你吐露更多的信息。当他说"我在旧金山有一块两百亩的农场"时，请你不要匆忙抢着说："啊，我在华盛顿拥有两家公司，还在新奥尔良拥有一座豪华别墅。"这会让对方感到一种不怀好意的攀比和竞争，认为你对他充满敌意，而是应该问："啊，农场在什么地方？你在那里还有什么财产呢？"或者说："先生，你真让我敬佩，拥有一座农场是我的梦想，但我就做不到。"这将使你赢得你的伙伴，让他认定你是一位有趣的交谈者。

谈话切忌以自我为中心 ·························

最简单的麻烦通常都是我们太自私了。在谈话中，很多人急于谈论"我"而不是对方。比如一位年轻的剧作家，他向他的女朋友谈论了自己和他的剧本两个小时后，才淡定地说："有关我已经谈得够多了，现在来谈谈你吧。你认为我的剧作怎么样呢？"这是他此次谈话中出现的第一个"你"，而且还是为了让对方评价自己一下，继续对他所谓的崇拜。结果是显而易见的糟糕，女友站起来："我受够了，我要回家了，去你的该死的剧本！"

请记住，谈话是双方的游戏，而不是你自己与内心的对话。这个空间不能只容纳你一个人的气场，还应包括你的谈话对象。对你而言，本能使你往往一开始谈话就马上以自己为中心。你当然想表现自己，想给人留下一种深刻的印象。但事实上，如果你可以适时地把话锋转向对方，就一定能赢得别人更高的评价。他会认为你是一个极为聪慧和非常亲善的人，会被你的气场折服。否则，他会认定你只是一个自私之徒，不值得和你发生什么关联。

个谈话准则是，我们需要在心里向自己提一个问题："通过交谈我究竟想得到些什么？"我坐在这里是想表现和炫耀自己，还是想与别人友好地交往，从他那里得到有益的交换呢？如果你需要的只是前者，那你就只谈自己好了，然后作好对方随时拂袖而去的准备，并且再也不会有第二次谈话，你就不用再期望通过交谈得到任何别的东西。

你什么时候可以谈论自己

相信你已经想到了一些实例，比如公共演说家，他们经常谈论的是自己而不是他人，自己的经历，自己的旅行、功绩，以及思想，还有他迫切想让公众接受的观点。但你别忘了：这些人是被邀请来谈论他们自己的。他们被请来讲述自己的事，因此听众知道自己前来参加的目的，来到这里就是倾听。所以演讲者面对的不是受到强制的听众，而是一群出于自愿的人。

谈论自己的恰当时间是当你受到邀请以及对方要求你讲一下自己的时候。如果别人对你感兴趣，他一定会问你。当他确实对你提出邀请让你谈论自己，希望了解你内在的信息时，不要守口如瓶地拒绝他，请果断抓住这个机会。即便稍微告诉他一点你的情况，他也会为此感到十分荣幸。因为你是用非常友好的姿态在与他交谈，你们平等交流，气氛一直很愉快。但是我的建议仍然不变，谈论自己不要过分，回答他提出的问题以后，你应该再次把谈话的重心转回到他的身上。

尽量使用"我也"这个字眼

从心理学的意义上讲，将你自己引进交谈的另一个正确的时间，是当你能告诉对方你自己的一些事——这要感谢对方的谈话内容，因为你要说的这些事情将与他所说的某些事联系起来，在你们之间形成一种紧密的关联。

比如他说："我生活在一座海边的城市。"你最好回答："真的吗？我也是。"当他兴致盎然地讲到大海时，你要或多或少讲一点个人关于大海方面的知识和经验，甚至还有你对他家乡的了解，这会让他感到自己更加重要，对你的感谢之情油然而生，因为你满足了他内心的被关注的需求。

如果他提到，"我喜欢股票或者高科技"，并且恰好你也如此，你一定要想办法告诉他。即便你对这些并不在意，也要尽量跟他谈一谈华尔街富豪的炒股之道、热钱的流向、各国股市的区别，显出你很在乎的样子；还可以聊一聊美国的航天飞机，以及科技优势与世界霸主之间的内在联系。

倡导"愉快的交谈" ....

你要想成为一个健谈的人，并在交谈中始终成为实质的中心，让人们愿意和你交谈，另一个秘诀就是尽可能地创造一种愉快的氛围和令人舒适的节奏，让谈话的参与者都轻松地浸泡在这种环境中。

总是悲观失望地谈论问题的人，那些指出世界正在走向深渊的人，或者一味地在唠叨他个人的所有麻烦的人，他们在任何争取获得名誉的竞争中都不会取胜。这是永远不变的真理。悲观的气氛一旦带入交谈，就会惹人厌恶，除非他是你最亲密的朋友，此时正担负着解救你心灵的神圣使命；或者他是牧师、心理学家，一些心理承受能力足够强的人。

永远不要在公共场合张扬你的难处。相信我的判断吧，告诉别人你忍受了多少痛苦，并不能使你变成英雄，而只会使你变成令人厌烦的人，全身上下笼罩着让人退避三舍的气味。

交谈的忌讳：任何时候都不要取笑、挑衅或者讽刺

我们中间不知有多少人都喜欢取笑别人，就在昨天我还在华盛顿的街头听见三名银行职员在谈话中嘲笑他们的同事。他们带着嘲讽的意味与对方谈话，想尽办法讨论对方的缺点，竟然还希望对方在挖苦中认识到他们的聪慧，体会到他们的幽默，而且还不希望自己受到对方出于自我保护的正义还击。

这真是一种让人恶心的习惯。请记住，任何毫无节制的逗弄和取笑都会触痛别人的自尊，而威胁他人自尊的任何事情都是危险的，是对我们气场的实质损害。即使是在朋友之间的玩笑中的也是如此。你不知道那位遭到如此对待的朋友是否真的没有介意，也许他对你的印象分已经大为下降，他已经决定不再把你当做最好的朋友，下一步他就会找机会给你难堪。讽刺总是带着无比残酷的成分，这表明了一种可耻的心态，说明你在算计着使别人感到渺小而你自己却很伟大。

只有在非常亲密的朋友之间，才可以开一些充满善意的玩笑，但这也需要我们严格把握尺度。最好的朋友是不会计较和追究那些无关紧要

的小事的，但如果你跨越了红线，小心你会失去一位最好的伙伴。

◎ 耐心听完最后一个标点符号

大学教师布里先生问我："我要成为公共关系中的主角不是吗？为什么我不能抓住一切时间表现自己，反而要坐在那里像一块干枯的木头？"他觉得一个听众就像一根木头，毫无生命，这真符合他的职业习惯。他是那种可以在讲台上喋喋不休两个小时的人，难怪州立大学的学生不喜欢他。

我告诉布里，倾听不但是一项技巧，更是一种修养。懂得倾听，有时比会说更重要。因为倾听具有一种神奇的力量，会让你全身散发出和善和尊重的光环，它可以帮助你赢得对方的真情和信任。

倾听的力量：被忽视的气场指标 ....

现在我问你，你懂得倾听吗？许多人会感到迷惑不解，那么请先试着回答以下两个问题：

我愿意听到一些具体明确的事，不想听不切实际的话？

别人讲话时，我会想若有机会我一定要说点什么？

如果你两题的答案都是"是"而非"否"，说明现在你还不懂得倾听。

经过我们的统计，这个世界大约有70%的人都是不及格的倾听者，他们只会说，我有着强烈的表达欲望，恨不得全世界所有的人都能听到他发出的声音，理解他的内心，但倾听的意识却被他抛到了脑后。然而，这却是当下生活中最容易被忽视的竞争力。

《哈佛商业评论》有一篇文章指出，相对于"说"而言，"听"是我们未被使用的潜能，亟待开发。已经有超过五百家的大企业设有学习倾听的训练课程。员工学会倾听，可以加强执行力；管理者懂得倾听，更能使企业长期保持活力。

我对布里说："我们天生以为自己有耳朵就会听，但用心听、用脑子听和只用耳朵听，它们之间的差别很大。"

只用耳朵去听的人，他们在谈话后八小时内，就会遗忘高达50%的内容。就是这个高达五成的遗忘率，造成了个人或企业的庞大损失，让人追悔莫及。

原因在哪儿？因为听比思考慢。一分钟内，我们的脑袋可以思考一千到三千字，但你却只能听到一百二十五到四百字，因此我们常常在听的时候想别的事情，正是这种致命的错误让人漏掉重要的信息。

在机构针对企业高阶管理者所设的倾听训练课程中，我把听的层次划分为五个层级，分别是完全漠视、假装在听、选择性的听、积极同理性的听与专业咨询的听。

○**完全漠视：说什么我都听不见。**

○**假装在听：好像很专心，但其实在想别的事情。**

○选择性的听：只听重点部分。

○积极同理性的听：对于感兴趣的部分高度关注。

○专业咨询的听：完全投入地听，体会对方说的每一个字。

欧洲有一位汽车销售员，就是因为懂得听，十年内卖出多达五百辆奔驰车，成为名列全球前几名的超级业务员。当他谈论此问题时，他告诫每一个人："每个顾客都像一本书，你要用心听才读得到。"

开始的时候，他是个很业余的业务员，客人一上门，只交谈三句话他就希望客户赶紧付钱买车走人，于是他的业绩总是挂零。

直到有一次，一位顾客要他先闭上嘴巴，忍无可忍地对他当头棒喝。他这才意识到了自己的问题：我说得太多，听得太少了。

"后来，我要求自己先不要说话，让客人先说话，这样才听得到对方的需求与考虑，而不是径自推销。"

有一位女士曾经下巴抬得很高地到他的店里看车，他的同事亲切地趋前问候："您是来看车吗？"女士很不悦地答道："我来这里不是看车，又是要看什么呢？"这时，他端上一杯水，一语不发地站在一边，替下那名因此而生气甚至恼羞成怒的同事。

女士冷冷地开口："你们的业务员服务态度很差，卖的车又贵。"他很谦虚地请教："您说得很对，那我们要如何改善呢？"他请对方到贵宾室坐下，把门关上。

二十分钟后，一笔两百万元的订单就到手了。

同事惊奇地问他是怎么做到的，如何搞定了那个麻烦的女人。他说："我什么都没说，只是安静地听她抱怨了二十分钟。"

原来这位顾客早就锁定了一款车，但逛了几间车行都没碰到一位令她满意的业务员。这位推销高手用心地听她抱怨，一边附和响应，同时他也在整理自己的思绪。等到客户气消以后，他又开始与对方聊起对付那些推销狂的经验，还提醒她购车要选对地方。于是不到三十分钟，交易就顺利地完成了。

假如你是顾客，你会如何呢？我希望读者能站到对方的立场进行思考，当你拥有了同理心之后，才能体会到对方对于倾诉的渴望，你才能安心从容地做一名出色的听众。

正确的"不发言"

我们对各行各业的知识都需要有一定了解并具备自己的见解，但对于自己陌生的领域则请尽量不要发言。

我还要告诉你，对自己不懂的东西保持沉默是最为高贵的品格，无论是当你面对谣言还是参与各种讨论时。

就在不久之前，有位好心的朋友对我说："嘿，保罗，那家伙到处在讲你的坏话。"我说："这有什么呢？让他讲去吧，大家不会相信他的。"朋友说："那么，你总该在某一场合澄清一下，让他还你的清白。"

我说："有必要吗？那不是最好的方式。如果我开口说话，或许大家会认为无风不起浪，也许真有其事，而我只是心虚了才跳出来的。"

请你仔细思考一个问题，我们的沉默到底是为什么呢？当然，有些场合的沉默非常可能是懦弱、无能，是无力也不敢反击的表现；但是在绝大多数场合，沉默却意味着沉稳、智慧和不屑。

在培训课上，我告诉台下的参与者："许多问题你不要解释，对明白你的或者高明的人，解释是无用的；对那些无知的人，解释更加起不到作用。你不如听他说好了，他爱说什么就让他去说，你完全可以做一名什么都不说的听众，这是你可以选择的最好的角色。"

面对生活中总是不断出现的误解，有的人会选择迫不及待地去解释，而有的人就选择了沉默。有时后者才是解决问题的最好办法，因为沉默就像一味良药，不表态可以让你站到漠不关心的高地，这种高贵的品格只会增强你的气场，让他人的虚伪和卑鄙曝晒在阳光底下，无处可逃。非常可惜的是，总是有一些人的嘴巴关不住，说话很随便，大脑好像空荡荡的，常常不加考虑地脱口而出，对说话的后果不负责任。对于这样的行为，我们可以用"大嘴巴"来形容。

第二次世界大战期间，美国政府在公共场所贴了一幅画，警告人们不要随便谈论军事秘密。画面上，一个从军舰上下来的海军士兵和他在酒吧遇到的一个女子正在交谈。而在他们的背后，人们可以看到希特勒正支着耳朵听他们说话，他的耳朵大得像一只巨大的菜盘。画面下方写着一句话："信口开河能够使船沉没！"画的主旨就是让大家不要谈论战争，因为敌人可能正在听你说话，随时会窃听到军事机密。

在战争年代说话不小心会给生命带来危险，造成严重的不可挽回的后果，而在和平年代的日常生活中，乱说话也会带来很多不必要的误会。

莱顿曾讲到他在高盛公司的一位同事。那个人很年轻，刚进公司不久，还是一个典型的新人。然而，这位老兄见了谁都是一副高级管理者的派头。"你好啊！""今天心情不错啊！""嘿，又去曼都酒吧了吧！"就好像他是高盛公司的大股东，其他人不过是替他服务的打工仔。

这个人经常莫名其妙地出现在一个个会议中，不请自到。而这个会议基本都是高层参加的，根本不适合他进来凑热闹。他踊跃地到这里发言，还会很高调地宣布他有什么计划可以增加公司的赢利。用中国人的话说，这实在很"雷"人。莱顿笑道："我们都很崩溃，但又不能把他怎么样，只能……离他远点。"

美国的心理学家托瑞曾经作过一个著名的实验：让飞机场空勤人员（其中有驾驶员、领航员、机枪手）一起讨论解决某个问题，每个成员必须提出自己的解决办法，最后把全组都同意的办法记录下来。他发现绝大多数成员都同意领航员的办法，而很少赞同机枪手的意见。当领航员有正确的办法时，大家会百分之百地表示同意；当机枪手有正确的办法时，只有40%的人表示同意。

在我前不久接触的案例中，一个毕业于普林斯顿大学的优秀的年轻人，初进微软就给他的顶头上司写了一封邮件，关于微软全球战略的长篇大论。他似乎认为只要这样——只有赶紧说出自己的心声，告诉所有人自己的伟大计划，就能打动上司甚至是比尔·盖茨，给他一个不错的职位和广阔的发展前景。不过，他却被当成神经病开除了，再也没有机会实施他的宏图大略。

也许你会替他感到不平，认为这是不尊重人才的黑色案例。但我告诉你，世界的现实就是如此。你需要时刻明白自己应该说什么，如果不那么确定，就干脆闭嘴，一个字都不要吐。对你不懂的问题，或者不该你高调的时候，你却兴冲冲地站到了前台，这多少会扫大家的兴，让人觉得你应该立即出局。

很有必要的倾听训练

对那些高级经理人来说，时间总是最宝贵的，他不可能毫无选择地听下去。假如一帮人说的全是废话，还要捺着性子忍受垃圾信息的折磨，这显然不是好选择，所以，你必须为自己划出倾听的范围与频率，建立一套"倾听的系统"。

★第一步：控制时间

一个很好的办法是，倾听之前先和对方约定好谈话时间，让对方有心理准备，在最合适的时间说出重点。如果时间不加以限制，对方讲起来没完没了，那将是彻头彻尾的悲剧。因为没有事先的约定，你很难恰当地阻止他继续讲下去。强行让对方停止，很可能会被视为失礼，但提前约定好，则不会有这种麻烦。

★第二步：过滤问题

全球最大的英语书出版商西蒙·舒斯特（Simon Schuster）总经理利昂·席姆肯（Leon Schimkin）曾经是个苦命老板，他在讲到谈话的苦恼时说："过去十五年，我每天有一半的时间都在开会，听那些人喋喋不休，什么都对我讲，我真要崩溃了。"直到他想到了过滤问题。他要求每个前来敲门的员工，都必须先回答他的四个问题。通过选择和过滤，他节省了时间直奔重点，提高了彼此之间谈话的效率。

这四个问题分别是：

1. 要谈什么？先想清楚主题。

2. 造成这事的原因有哪些？

3. 要解决问题的方法在哪儿？

4. 你自己认为最好的方法是什么？

★第三步：统一问题

哈佛商学院的副教授迈克尔·沃特金斯（Michael Watkins）在其著作《关键领导九十天》中提到，一个长期的麻烦是，许多经理人喜欢一头栽进与员工的交谈中。谈话结束时，他发现自己完全背离了初衷，整个局面陷入混乱。问题没有解决，而且产生许多新问题。

这种方式缺乏效率，并且只能获得软性信息（非知识性），作为管理者，你会让少数员工轻而易举地左右你的观点，掉到一种没有头绪的局面中。

因此，要想提升倾听的效率，我们就必须统一问题。比如作为一名优秀的经理人，你可以在会议中持续用相同的方式询问不同的员工。

○组织正面临什么最重大的挑战？记住，是最重大的。

○为何组织正面临这些挑战？说出最主要的原因。

○尚未开发的成长机会有哪些？

○开发这些机会，我们需要做什么？

○如果你是我，会把注意力集中在哪儿？

透过这五个关键的问题，我们通过仔细倾听与深思熟虑的分析，就能探询出许多有用的意见。

你应该清楚，在构建我们人生成功的地图里，倾听是一块最容易被忽略的地带，但正像我们不断提示的，倾听也是一块可发挥乘数效果的拼图，它拥有巨大的力量，对于成功者的气场起到了无可估量的作用。

◎ 你至少要拥有一个小团体的领导力

有一个崇拜自己的小圈子是多么重要，尽管圈子太小会使你无法成就明星级的气场。我想那些在华尔街正处于起步阶段的野心家们对此一定体会很深。相对于个人英雄主义的气场，只有具备了团体管理气场，一个人才有可能开拓更大的事业空间。换句话说，只能管理自己是远远不够的，注定无法成为真正的主角，具备强力的征服他人的气场，可以出色地调动群体资源，才谈得上领导力。

领导力的本质：个人气场如何转化为群体气场 ....

英克·布罗德森在《他们为什么效忠希特勒》一书的序言中说："假如有人亲口说，我是最强壮、最勇敢、最伟大的人，那么每一个闻听此言的人都会尴尬地闪开：吹牛者没有市场。可是，假如有人把主语'我'换成'我们'——我们是最强最棒的，是'人中之王'，是上帝精选出来统治万民的人——那么一定有很多人喜欢听。"

听起来这是对希特勒的嘲讽，但却暗含着领导力的本质。聪明的人总能通过适当的语言表述，将自己的个人理想成功地转化为团队理想。在此过程中，个人气场也随之嫁接，形成无坚不摧的群体气场。

显然，要达到这样的效果，你需要充分具备八个方面的能力：远景规划能力、经营管理能力、战略决策能力、学习创新能力、沟通交流能力、公共关系协调能力、情商管理能力和应变与危机处理能力。你必须能够设计一个团体远景，并对它进行有效管理；还要作出大部分人都认可的战略决策，并确保它的有力执行；最后，你还要能带领他们处理各种突发问题，进行危机公关，使"共同远景"走得更远，逐渐实现计划中的回报。当你具备这些能力时，你的个人气场就能够转化为群体气场。

领导者并不等于领导力 ....

管理者并不等同于管理能力，同样，一个人的职位比你高，也不能就此判断他的领导能力就强过你。

现实中，很多人的权力是基于岗位而存在的，当他离开了这个职位之后，对公司和团队就没有了丝毫的影响力。相反，有一些优秀的人，他们即使没有处于管理岗位，也仍然是一个团队的核心，仍然是众人追随的领袖。

由此我们不得不重视一个重要的气场概念：领导力。它不但是一种能够吸引很多人去共同做一件大事的能力，还是一种将团队愿景与个人理想成功融合的高级手段。是吸引，而不是强迫许多人走到了你的身边，跟随你的脚步。你必须通过自己的人格魅力把团队成员紧紧地聚拢在你的周围，为了一个共同的理想而奋斗。

就像美国前国务卿基辛格博士所说的："领导就是要让他的人们，从他们现在的地方，去他们还没有去过的地方。"而另外一位美国前国务卿鲍威尔将军则给出了对于领导人的更深刻的要求："一个领袖人物必须正直、诚实、顾及他人的感受，并且不把个人或小团体的利益和需要摆在一切衡量标准的首位，否则人们就不会追随他。"

下面，让我们再看看管理学大师德鲁克是怎样理解这种气场的："这是把握组织的使命以及动员人们围绕这个使命奋斗的一种能力，是怎样做人而不是怎样做事的艺术，最后起到决定性作用的是个人的高尚品质和他无与伦比的个性。"

简而言之，它是我们的气场自然产生的一种强大吸引力，你既要有树立理想的能力，又能吸引人们跟随你一起奋斗。这种能力与你是不是领导无关，与你是否身处重要的管理岗位无关，即便你是一个在华尔街打杂的小职员，在铁路旁边检修小毛病的微不足道的小人物，你也可以培养并拥有这种能力，就像当年的卡耐基一样。

我建议你从如下几方面入手，提升自身的领导力，建立崇拜自己的小圈子。

首先，你要不断加强自身的修养，具备所有的优秀人物都拥有的高贵品质，你要学会包容，做到正直真诚，这是一切人格魅力的基石。

其次，你需要在某一方面有超出常人的远见卓识，你要能在这一方面建立清晰的愿景，并且把这个伟大的理想传递给大家，也就是你的团队。这个过程不仅需要你的专业能力，还需要你的沟通能力，以及影响别人的能力。

再次，你还必须拥有强大的意志力，是一个懂得坚持的人。你要让团队看到你的激情，体会到你不达目的不罢休的决心。

最后，你还必须有突破性的思维，既要懂得将团队利益最大化，不断发展，就像微软的发迹过程，又要居安思危，懂得在什么时候创新和变革。

一旦你具备了这些品质，上帝总会给你一个机会，让你的气场散发在那些潜在的跟随者身上，形成一呼百应的效应，成就一番事业。从这个角度讲，我希望目前正处在彷徨中的人们即使没有升职、事业毫无突破也不要担心。你不妨先修炼好自己的内功，把它修炼好之后，总有让你登场的机会。

要团队不要团伙……………………………………………………

真正的团队不但拥有牢固的共同利益，而且具备一个共同的理想，各成员联合起来一起为了目标进行努力。然而团伙却不相同，这让我想到意大利的黑手党，他们只有利益之争、疯狂之举和破坏性，没有理想，自然也就缺乏积极的气场。

然而，令人遗憾的是，就算是身处曼哈顿高级写字楼上的美国老板们，有时也喜欢赌气地说上一句掉价的傻话："团队是一伙人，团伙也是一伙人，他们能听我的就行！因为是我在发给他们薪水。"

这简直让人目瞪口呆。

来自北爱尔兰的凯文在纽约开了一家景观及规划设计事务所，有12名员工。作为一位有着充裕资金的年轻老板，旗下还有多名设计业的顶尖好手，他的公司本来拥有相当不错的发展前景，但没多久他的事业就宣告陷入了低谷。

凯文十分不服气地找了专业的管理人士进行分析，结果发现：他的公司管理极其混乱，没有完善的财务制度，薪水及奖金的发放让他搞成了一言堂；没有长远的前景规划，对于公司的未来缺乏明晰的定位，这让员工看不到努力工作的长期回报；他在业务开发方面严重依赖自己的随性出击，没有一套合理有效的经营制度。总而言之，这更像是家庭作坊，而不是现代企业。作为企业的领导者、带头人，凯文完全没有作好充足的思想准备。

如果一个有野心统管团队做一番事业的人，把自己的团队定义为作坊式作战的话，那他全身上下散发的气场也不过是一种个人英雄主义式的单打独斗，即便可以靠无与伦比的个人魅力吸引一批骨干，使公司的业务短时间内急剧提升，也早晚会在关键的转型阶段一头撞到墙上，遇到无法突破的难关！

★祛除团伙气场的关键方案：

考虑问题的立足点是整个团队，而不应该是自己，这要在思维上进行强化，任何时候都要避免其死灰复燃。

不但要对团队设立严格的管理体系，同时也要将自己纳入该体系之中，团队中的每一个人都是平等的，至少在人格上如此。

当你试图发挥自己的独断气场时，首要考虑的问题是不可侵犯团队的利益，两者的方向保持一致，团队才不会变成团伙。

尝试任何决定都经过团队讨论，而不是你的拍脑袋决策。

对落水者同情但不要同流

团队在利益上是公正的但从来都不是公平的，哪怕你是最有魅力的领导者，这个圈子始终属于你，你也应当承认，在团队中往往因为制度上或管理决策上的偏差，会造成很多令人同情的不平事件。比如你开除了某员工，重罚了某员工，等等。由此而引发了一些员工的不满，甚至还会导致一些员工的情绪剧烈波动。

这是很常见的事情，丝毫不会影响你的气场。然而不正常的是，很多管理者在此时犯下了低级错误，他们有时会"勇敢"地站到那些情绪激昂的员工一边，以团队的利益向这个人的个人利益妥协。这便是我说的，从同情转化成了同流。最终你不但无法赢得认可，还会失去在团队中的威望。

在团队中，你要试着理解对方而不是针锋相对......................

一些有争议的决策不可能得到团队一致的赞同，在这种情况下，大多数的职业经理人都能够表示理解。团队中的辩论氛围对于领导者的气场是一种有益的补充，甚至可能带来巨大的提升，因为这对每个成员都是一次难得的表现机会。

但是现实中经常有一些越位的管理者，因为不理解属下或同事对自己的"挑战"，视对方为一种挑衅，从而针锋相对，吵得不可开交，严重影响了团队的效率。因此我们经常对管理者说到"理解"这个词，只有试着理解对方，才能让沟通变得合理，而你，也会继续巩固在小圈子中的统治性气场。

◎打开心灵之窗，不要畏惧"感冒"的风险

我最后的呼吁是，请尽一切积极的尝试提升自己的适应能力，面对这个世界，减少内心的封闭性，无论我们将遇到怎样千奇百怪的事物。

在进入大学之前，我曾经有过4个月不想见到任何人的黑暗经历。

那时父母回到了中国，我选择了留在家里。情绪突然就莫名其妙地陷入了低迷，就连吃饭都尽量叫外卖，迫不得已才出门，所有需要的

东西都是通过不见面的方式获得。但我发现这并不能让我平静，我失去了和人沟通的能力，跟人打电话时都说不出几句完整的话，同时在MSN（即时聊天工具）上，我也失语了。

后来我无法推开一位朋友的邀请，只能答应去跟他吃饭。他要跟我谈一些重要的事情。我只好先走进了唐人街附近的一间理发店，那是一位华人理发师，他惊讶地问我："先生，你有多长时间没出门了？"我漠然地说："不知道，但我不得不去见人，所以才来到了你这里。"

这便是我当时的思维：我要在必须见人的时候才愿意理发。

只是简单的自闭吗？不，后果比你想象的严重多了。所有的习惯和直觉我都用不上了，别人不用想就能自然而然处理的特别平常的事，我都必须考虑该怎么做怎么说，还不能保证不出错。当时的情形，就像一台复杂的机器长时间超负荷运转，必然会因为磨损和能量不足而出现气场崩溃。就算是去超市，我也会紧张得忘记拿找的钱，有时还买错了东西。回到家之后我才发现，明明想买牛奶，不知怎么回事手里竟然全是碳酸饮料。全是匪夷所思的低级错误。

情况慢慢变得好转，是在父亲跟我的谈话之后。他十分清楚问题的根源，因为我一度充满了害怕做错事的忧虑，惧怕打开心灵的窗户，去向外界展示自己，于是错误反而越来越多。即便很普通的人际交往，我也不能驱逐"做错了别人会讨厌我"的念头；甚至别人对我态度友好，我也会觉得我在客观上利用了别人，说不定有一天他就会重新讨厌我，因为我就是如此让人讨厌。

父亲平静地问：“你认为自己可以这样生活多久呢？”

“没有时间表，我觉得至少现在可以不去考虑。”当时我这样回答。

父亲没有再说话，他将窗户推开，强烈的阳光照射进来，我不由自主地用手挡了一下，随后缓缓放下手。当天中午，父亲让我穿上西装，带着我一起参加了某个在洛杉矶电视台直播厅上演的节目。

随后，他在我毫无准备的情况下，推荐我上台表演。尽管我的表情狼狈不堪，但在演播厅的观众鼓励的掌声中，我还是迈着颤抖的双腿走上台去，唱了一曲《加州旅馆》。当我放下话筒，听到更热情的掌声时，我突然觉得所有的苦恼都烟消云散了。原来问题的解决办法竟是如此简单，只要你敢于迈出脚步，一切都会迎刃而解，并没有想象中的恐怖。

请千万不要关闭内心，如果你不能永远关闭的话 ....

这无疑是心灵的历练，我们现在的课程也在有针对性地让大家感觉到，新环境总是风险与机遇并存。既然一个人不可能永远关闭内心，那么就要彻底地打开，体验这个世界的美丽，汲取各种各样的丰富养料，让自身的气场勇敢地成长。

从积极方面讲，新的环境会给重塑自我提供好机会，就算有些“感冒”的风险，早晚也一定会让我们得到良好的结果。

不过，如果你对新环境缺乏足够的认知，则会被许多不确定的因素困扰，患上人际"感冒"。最严重的莫过于像当年的我一样，产生扭曲的自卑心理。

我们在中国和日本所做的针对16岁至18岁的年轻人的调查中发现，有过新环境适应不良经历的人占到了总量的54%。37.2%的人是因为学习成绩不好而产生消极情绪；41.8%的人因为人际关系紧张造成社交困难；另有13.5%的人是因为自信心严重受挫，生活态度变得消极；有5.3%的人为了逃避现实，走向极端，比如他们用深度恋爱（发生性行为）弥补内心的空虚；当然，还有2.2%的人产生了严重的心理障碍或者其他疾患。

究其原因，首先，这源于他们内心缺乏安全感。他们对即将形成的新的人际交往模式都或多或少有恐惧心理，对未来的处境也充满了疑虑。

其次，缺乏归属感。如果内心没有形成足可确信的价值观，他们就会在打开窗户的同时体验不到成就感，会经常反复思考一个问题："我究竟在做什么，究竟有没有意义？"

最后，缺乏自我认同。自卑的心理通常会产生这样的效果，因为气场过于微弱，导致在走到室外之后极易被外界或他人的强大气场同化，产生自我认同焦虑。

但是不管怎么样，我们都要迈出第一步，即便单枪匹马，你仍然要大胆而适度地表现自己。身处一个团队中，你在适应环境的同时，也要将自己的特长、思想和才干表现出来，并选择合适的机会为团队服务。

每一次身处新环境都是难得的机会，我们可以对自己以前的行为和公众形象进行盘点，将自己希望改变的内容列出来，然后一项一项地去落实和改变。我们甚至可以通过"借脑"——参加一些潜能开发的课程，吸收他人更加积极的气场，来提高自己的适应力和人际交往能力，使气场得到优化，达到积极健康的状态。

达观是永远的主角心态

当心灵的窗户打开，新鲜的空气吹进来，从这时起你应该放下一切不良情绪。同一件事，用悲观还是乐观的心态去看待，所导致的结果很可能是截然相反的。

众所周知的吴士宏是如何成功的呢？如果没有一个达观的态度，她可能早就被IBM扫地出门了。要知道当初她的工作只不过是"扫地"一样的小角色。沏茶倒水，打扫卫生，完全是脑袋以下肢体的劳作，连触摸心目中的高科技象征的传真机都是一种奢望。

对此她曾经感到非常自卑，但是她对自己说："有朝一日，我要有能力去管理公司里的任何人，无论是外国人还是中国香港人。"

正是怀着无比达观的心态，她在并不利于自己的环境中生存了下来。

送给你富士康总裁郭台铭先生的一句至理名言："当你感到有压力的时候，正说明你的能力不够。"

当你的气场受到压迫时，正好验证了我们推动气场培训的目标：每个人都希望以轻松的姿态面对世界，因此你必须时刻提升自己的勇气，在陌生的世界中不断锻炼。

不打开窗子也许永远不会感冒，但有谁愿意在封闭的内心世界中孤芳自赏一辈子？迈出第一步，按照上述的原则去与世界相处，展示你的魅力，你就会发现一切都很简单。或许在你的圈子里，你本就是气场排行榜上的第一名，是人人举双手欢迎的主角，只是你一直以来从未察觉。

Part **5**

培养事业气场：
通往成功之路

◎心想即事成
◎决断力的培养：抛弃内心的优柔寡断
◎任何时候都不要逃避责任
◎"放弃"理论：舍得人生不重要的7%
◎成为思考的行动家，而不是行动的思考者
◎和固执做朋友
◎怎样面对失败
◎做一个有信仰的人

◎ 心想即事成

那些几乎买下了地球的亿万富翁凭什么攫取了他们的第一桶金？在接触了近三百位世界级成功企业家的奋斗历程之后，我们可以替他们把奥妙告诉你：心想即事成。

对一个充满自信和渴望的人而言，欲望从来就不是罪恶。敢想就要敢做是激发一个人的成功气场的第一步。

这个世界是不需要矜持的，我们要做的就是打破自我，打破心灵的枷锁和种种不合理的压迫性规则，满足自己的欲望和需求。这并不像想象的那么困难和遥不可及，最关键的不过是两点：一是勇气，二是细心。你要敢想，更要敢做，并且自始至终对自己有信心，在此基础上，你还要有周密的计划、合理的判断，实现两翼齐飞。

《商业七宗罪》的作者爱琳·夏皮罗在她的书中谈到了公司为什么会陷入困境。她列举的第一条"致命的罪恶"，就是大部分公司虽然树立了一个远大的目标，但对于怎么实现这一目标却很少关心。只有心动没有行动，结果便是竹篮打水一场空，什么都得不到。

当产生某个理想之后，怎样实现目标这个问题更需要我们认真地去寻找答案。自信和欲望都不是罪恶，请相信我，只要你敢于设计，提出目标，你就有实现的可能性，而这个可能性建立在严密的行动基础上。

189

敢想才能事成

即便是世界上最有才华的领导者，他们要想弄清该怎么做也还是要耗费心神的，否则每天就不会有那么多富豪破产了。但我可以确定的是，对于如何行动的思考总能让我们找到积极的答案，尤其对于睿智的你来说。你完全可以从自己的身上发现源源不断的力量，并且找到正确的方式去执行那个看起来不错的计划。

当培训的参与者遵循这个原则得到了满意的结果时，他们的表情让人感到兴奋。是的，他们心有所想，然后事做成了，中间付出了艰苦的代价——经历了无数挫折甚至是自尊受到了伤害。

无比接近正确的方法在哪里呢？你怎样看，就会有怎样的结果！

你的失败在很多时候并不是因为你技不如人，也不是你生来不具备成功的实力，更非你的准备不够充足，而是在很多时候，你在心理上已经默认了一种固定不变的不自信：我行吗？当你这样怀疑时，你就不敢生出强烈的希望成功的欲望。这种消极的看法往往会让人们觉得自己根本就不可能实现某个目标，在很大程度上囚禁了人的思想。于是不敢提出目标，就连想一下都觉得是罪恶，最终掉进了"囚笼思维"的陷阱。

Part 5_培养事业气场：通往成功之路

现实中，很多颇有实力的人在他的事业发展过程中，虽然充满了无数的渴望，在家里的计划做得特别完美，但当他来到某个公司求职的时候，由于受到这种"囚笼思维"的限制，当他真的迈入对方的大门时，一种无法控制的自卑就产生了。他会觉得：啊，这份工作是我能够胜任的吗？于是他就可能自动放弃对机会的把握，非常难堪地退出竞争。最坏的结果就是自信心严重不足，次次受挫，然后干脆什么都不敢想。

一个来自亚洲的成绩优秀的男孩到旧金山的欧莱美公司应聘，当他还没有开口推荐自己的时候，就已经被这家大公司的名气给镇住了，紧张得说不出话来。坐在对面的面试官什么都不说，只是安静地看着他，希望他尽快调整情绪。越是如此，他就越紧张，心想我是不是真的有这种能力，到这样气派的公司来工作呢？如果我的能力不足，会不会闹出什么笑话？在长达五分钟的沉默后，他紧张的情绪仍然没有改善，面试官只好笑了笑，说："下一位。"

自卑想法害了这个本来很有前途的亚洲男孩，同时也在很大程度上打击了他继续努力的积极性。他的信心被自己击溃，还没有正式闯关就已经变得心情沮丧，问题就在于他不敢想，所以不敢进行尝试！

也许他并不知道，欧莱美公司的选人标准与其他公司不同，他们看重的并不是高学历或者是否出自常青藤盟校之类的名校，而是求职者的真实本领。他们更关注一名求职者能否给公司带来利益，只要做到这一点，那么他就是对公司有用的人，就很有可能被公司录用。面试官脸上遗憾的表情是发自内心的，因为这个小伙子的内心受到了"囚笼思维"

的严重禁锢，几乎不敢有任何欲望甚至是请求，他把一件本来很简单的事想得非常复杂。也正因为如此，这样的人才会不断地与成功失之交臂，因为他连想都不敢想，机会放在面前，他也不敢伸手去拿。

这是一个极其普遍的现实：不管是在职业的发展过程中还是在我们的日常生活中，很多人都想获得成功，但结果往往事与愿违。他们屡屡失败，垂头丧气地回家独自抚摸伤口。在经过了几次失败以后，他便开始怀疑自己的实力，以及自己所走的路是否正确，甚至有的人开始抱怨生活的不公平，对生活失去了信心，从此什么都不敢再想，只希望自己这"悲惨"的命运之中"注定的麻烦"能少一点。

在我看来，这类人不是不想去追求成功，而是在一次次失败之后，一再地禁锢自己的思维，并把自己定位得很低，固执地认为这个是自己干不了的，那个也是自己干不好的。甚至他们还把身边有突破性看法并鼓励自己敢想敢做的人看做痴人说梦的异类，不仅不给予支持，还会时常泼一盆冷水。其实，他们不是不想支持这些有突破想法的人，他们的内心很想支持这些人的勇气。只是他在心里面已经默认了一种观点，而这种观点不断地在潜意识中告诉他自己：外面风吹雨淋，你千万不要出去，因为你注定要失败的。

有一个故事说的是画家列宾。有一天，他和朋友在雪地里散步，突然他的朋友瞥见路边有一大块污迹，显然这是狗留下来的屎迹，就顺便用鞋尖挑起雪和泥土把它覆盖住，以免影响美好的雪景。可是朋友万万没有想到的是，这个不经意的举动却惹恼了列宾。他说，几天以来他总是到这里来欣赏这一片美丽的琥珀色，可是今天却被这位朋友给破坏了！狗的屎迹在列宾这里已经不是屎迹了，它已经成了一片美丽的琥珀色。这个故事体现的不仅仅是画家列宾的审美情趣，更是列宾对待生活的积极心态。这是一种极为乐观的人生态度。因为在人们的生活中，我们总是抱怨路上有太多的"狗屎"。不是吗？到处都有人牵着狗走来走去，却嫌弃到处都是这类"脏东西"，认为这不仅影响他走路，更影响了环境的整体美观。每当这个时候，你就可以想想列宾所说的话了：那不仅仅是散发着异味的狗的屎迹，更是一片美丽的琥珀色。

为什么会这样？因为它是狗屎还是琥珀，全取决于你当时的想法。一切都是由你的内心决定的，你认为那是美好的事物，那它就美丽得不可方物；如果你觉得它肮脏不堪，那么世界上再也找不到比它更脏的东西了。

在我们身边，恰有无数的事情均同此理。许多人抱怨自己的出身不好，所以不敢想，因为想了也没用；许多人可惜自己的专业不佳，工作环境太差，薪水又低，真是英雄无用武之地……总之不是自己不敢想，而是外界条件不允许，上帝没有站在自己这一边。这些人往往只看到了生活的一个方面，并且绝大多数都是看到了生活中不好的那一面，如果这些人能改变一下思考的角度，那么就会发现其实一切真的很美好：

出身不好，说明自己没有心理包袱，没有家族压力，奋斗起来一身轻松；

专业不佳，环境太差，说明自己有很大的调整空间，一切只待自己一声令下；

薪水太低，更是向我们展示了广阔的提升空间，告诉你还有很多需要提高的地方。只要看到了哪些方面需要改善，你就能对症下药，从容制订计划！

看吧，同样的一件事情在完全不同的心态下，呈现出了两个截然不同的世界。一方只看到了自己的付出和失去，而站在另一个角度的人看到的却是生活所给予他们的点点滴滴的快乐。只要自己敢想，并且努力付出了，即便失败也会快乐，因为它至少能够帮助你发现自己的缺点和不足。

你要知道，没有一种生活是绝对完美无缺的，世界上也没有一种生活能让一个人得到完全的满足。我们对于生活的看法经常会决定自己的一生，假如你不想让自己的后代还传承你这种虚弱的气场，你就应该摒弃过去的自己，从现在起勇敢地去想，去渴盼成功，激发内心最狂野的活力！

我的七个建议帮你"心想事成" ···

1. 请适度地调整生活目标。对自己不要再无限度地苛求，你应该按照自己的能力来制定目标，最好先制定一些能在短期内实现的目标。

2. 请在适当的时候放松自己，给自己一个享受生活的时间和空间。比如可以在假期和家人一起出去旅游，或者是和朋友一起去野炊、钓鱼等。尽量让自己的身体和心灵都得到足够的放松，然后才能有充沛的精力去计划可行的目标，迈出大胆尝试的步伐。

3. 集中注意力，训练自己气场的专一性。用全部的精力去做好一件事情，不要计划太多的目标。当你做成一件事之后，才会产生成就感，并且产生更大的渴望，你才更敢想，更会想，挖掘自己的潜能，把更大的目标做得更好。

4. 学会消除紧张的情绪。比如你平时应该放慢说话的语速，在表达观点和渴望时，尽量让对方听明白自己的意思，得到对方的认可、理解而不是质疑和轻视。这样，在进行一段时间的正常交流之后，你就会发现，原来你的渴望其实很容易实现！

5. 合理安排自己的时间。平时注意休息，你要知道休息是为了更好地工作。人并不是机器，再强的人也需要休息。一个疲劳到极点的人，他的内心就只有一个欲望，那就是好好地睡一觉，除此之外，再美妙的计划对他来说都是不可实现的。

6. 保持乐观的态度。你要经常能往好的方面去想，设想那些顺利的进程，而不是只想象万一的失败。即便遇到了挫折，你也应该多考虑这会给你带来什么样的好处，可以从中吸取哪方面的教训。

7. 当你开始对美好的目标向往之时，如果觉得自己缺乏自信，不妨研究一些失败案例，看看那些不如你的人，然后再想想你所具备的优势。如此，你的自信心会很快恢复，可以更强烈地盼望成功，并能做得很好！

◎决断力的培养：抛弃内心的优柔寡断

拥有决断的勇气可以帮助你树立鲜亮的气场和果敢迅速的个人品格。卓越的领导者和那些不凡的执行者，他们总能及时地对麻烦的是非问题作出决断，绝不会败在时间面前。当一个人面对棘手的事情，第一个反应总是"我该怎么办"时，在这个优柔寡断的躯体周围就会浮现出一种灰色无力的虚弱气场。

你会用怀疑的眼光看着他吗？我会的。无法迅速作出决断就会丧失大部分的信任指数，就像那些跑来我这里寻求帮助的投资顾问一样。他们被客户抛弃了，原因不是他们没有把握住正确的投资机会，而是错过了帮助客户下决心的最佳时间。

企业领导者的成败，就系于决断力的好坏。我们气场的颜色是亮色还是灰色，是积极或消极，也往往取决于你是否会马上作出选择。

为什么有些人作的决定总是比较好？我或许只能交给你一个最难以琢磨的答案：他们胜出的原因是速度，而不是人们想象中的准确率。

这些年来，我研究了世界范围内几千位成功企业家的案例，在那些比较杰出的决策者背后，是否有什么通用的高成功率的准则或者工具？他们依靠什么来保持自己超人的气场和无与伦比的领导力？在长达10年的气场研究和推广过程中，我和莱恩访谈了上百位成功的首席执行官与各种机构的决策者，深入找寻他们成功领导的内在因素，分析他们是如何保持这种优异的决策能力的。最后，我发现他们的成功经验与我们对气场的理论研究结果是一致的。

成功的企业家往往能够迅速地作出决定，并且不会经常变更；而那些失败的人在作决定时往往很慢，且经常变更已经作出的决定。请你记住：这个世界上大约有98%的人从来没有为一生中的重要目标作过决定；他们最大的缺陷就是无法自己做主，并且坚决贯彻自己的决定，直到目标实现。

现在你应该知道，一个拥有强大气场的人，他应该怎样作出伟大的决断，让机会在消失之前握在手中，并且化做丰盛的果实。

也许你应该先看看伟大的法国作家雨果的例子。1830年，雨果同出版商签订合约，半年之内交出一部作品。为了确保能把全部精力放在写作上，雨果把身上穿的毛衣之外的其他衣物全部锁在柜子里，并且把钥匙丢进了小湖。

看起来他对自己是如此绝情，决断的勇气是如此强烈，并且第一时间就作出决定。由于他根本拿不到外出要穿的衣服，雨果彻底打消了外出会友和游玩的念头，一头钻进写作里，除了吃饭与睡觉从不离开书桌。结果他的作品提前两周脱稿。这部仅用了5个月时间完成的作品，就是后来闻名于世、让所有人都赞叹不已的巨著《巴黎圣母院》。

一个伟大的作家在实现他的"伟大"之前，毫无疑问，他要进行一场告别悠闲生活的仪式。他必须决绝地作出果断的选择，放弃一切杂念来完成他伟大的作品。在这其中，但凡他有一丝一毫的犹豫，我们就可能无法看到这部流芳百世的作品。

对于我们的气场本质而言，决断力的作用尤其重要。我们在生活中遇到的好多问题都不可能等着你到第二天与别人商量之后再决定，有无数的事情都是需要你当机立断的。然而，很多年轻人却总处在踟蹰不决的状态中，他们不管面对什么重要的事，都会神经反射性地拿不定主意——除了邀请他去打电子游戏。这是一个全球性的事实，对于经历过的人来说，比如我们，早就已经后知后觉了，有了相当丰富的战胜优柔寡断的经验。但我希望那些没有经历过的人们，还处在他人溺爱中或者什么事都抱着无所谓态度的人，及时作好调整灰色气场的准备，训练自己处事果断而科学的能力。

找出最迫切的问题

当你决心提高自己的决断力时，应该先找出你正面临的最迫切的问题，并对此问题——作出决定，无论作出什么样的决定都可以——哪怕是把它们全部否决。你要知道，有决定总比没有决定要好，即使你在开始时作出了一些错误的决定，那也没有关系。因为只要你开始了尝试，随着经验的积累，日后你作出正确决定的概率会越来越高。当然，如果你能够事先确定你的目标，分析它的合理性，这将有助于作出正确的决定，因为你可以随时判断所作的决定是否有利于目标的实现。

树立决断的自信

一些作决定的人，他们之所以对自己建立在正确思考基础上的方案难以作出最后的决断，一个重要的原因就在于他们从不相信自己，对于自己的判断严重缺乏自信心。我们的研究表明，凡是富有成就的人，都具有一个共同的显著特点，就是无论任何时候都充分地信任自己。他们的心态、意志，都坚定到了任何艰难险阻都不足以使他们怀疑、恐惧自己的程度。任何反对意见及外界的种种干扰，都不能打动或者改变他们。强烈的自信心会帮助他毫不犹豫地作出最及时的判断，下达最有效的命令。因此，你在练习之初，就应该坚信"我是可以做到的"，你应觉悟到自己成就的大小往往不会超出你自信心的大小。试想一下，如果当年拿破仑对自己没有信心，他的军队就绝不会越过阿尔卑斯山。同样，如果你对于自己的能力一直抱有怀疑，那么你在一生中就绝不能成就一番伟大的事业，而你的身上也不会体现出超人一等的气场。总之，一个人如果不热烈地坚强地希求成功、期待成功，那他就一定不会踏进成功者的殿堂！

强化承担风险的意识

作决定常常具有一定的风险，因为事情总不可能完全按人的主观意志或设想向前发展，总会有一些意外发生。有时候，当你面前出现了某种机遇，而机遇又处于一瞬间时，为了使突如其来的机遇不在手中错失，你必须凭借自己的知识和经验及时作出抉择，只有这样才能抓住机会。如果你患得患失，举棋不定，对不起，你将必然失去时机。很多人认为拖延决定就可以减少风险，他们害怕承担风险。事实上，这样做不但不会减少风险，反而在你拖延决策的过程中可能产生更多甚至更大的风险，造成不可挽回的后果。我告诉你，一个不愿承担风险作出决定的人，绝不可能成为一名拥有强烈的果断气场的人。

全面地考虑问题

不管何时，在作决定之前必须为自己的抉择寻找更可靠的依据，你必须学会全面地考虑问题，养成谨慎思考的好习惯。你既要考虑到对手的情况和客观环境，又要考虑自身的情况；你既要看到有利的因素，又要看到不利的条件和自身的薄弱环节；你既要顾及眼前的利益，又要考虑长远的回报。总之，你只有尽可能考虑到每一个角度，视野宽阔，洞悉全局，作好一切打算，才能作出周密的判断，定出一个最为可行的方案。

决断作出，坚定执行

在作出决定之前，我们应该具有独立思考和判断的能力，综合所有的信息作出最终的选择，避免优柔寡断。而决断一经作出，你就应该坚定不移地付诸实施，绝不能朝令夕改，摇摆不定。那些总是推翻自己已经作出的决定的人，他们做事的气场比优柔寡断还要可怕，因为这会让人对他感到无所适从！

◎任何时候都不要逃避责任

我告诉那些气场灰暗的人，当你因为不敢承担责任而害怕地举起双手时，应该思考一下最可怕的结果是什么。"逃避责任"的责任也许比做事的风险还要大，后者只会让你短期内承受有可能发生的损失，前者却会使你背负一生平庸的代价。

完全不犯错误的人在世界上是从来没有的，如果你因为害怕犯错误而逃避责任，这会让你犯下更大的错误。

★因为害怕犯错误而不敢放手工作，是比任何错误性质都要严重的错误。

★因为害怕承担责任而不敢承担责任，你就会被追究"逃避责任"的责任。

无论在华尔街、洛杉矶还是东京和上海，很多人都在回避责任、惧怕责任，对责任谈虎色变，这是因为"责任"二字在工作中经常会带给我们一种非常可怕的感觉。人的气场中天生就有一种渴望安逸和畏惧风险的基因，每个人都有，即便他是比尔·盖茨，只不过做得最好的人可以在需要的时候战胜它。

出了问题，老板会拍着桌子大声地吼叫："这是谁的责任？"

捅了娄子，员工会垂头丧气地小声说："这是我的责任。"

全世界的公司都因此实行了"问责制"，工作中出了问题要追究"责任"，负责项目的人我们称之为"责任人"，上了法庭要被追究

"法律责任"……凡此种种，无不给我们一种极为可怕的印象，"责任"这个东西好像是一颗地雷，无论谁踏上去，都免不了"轰"的一声，让人一想起这两个字来，就不由得胆战心惊。

为了让人们鼓起做事的勇气，只好用规则来进行约束和激励，但是我发现了一个奇怪的规律：当规则的约束进行到最后，却没一个真正的责任人能够站出来解决问题。

即便有规则的强制限制，制定了大量的惩罚措施，可还是有数不胜数的人，不惜重复犯下错误，也要损坏自我形象，逃避责任。那么"责任"这两个字，真的这么可怕吗？请相信我，当你效仿众人，圆滑地与责任保持距离时，你的气场一定如同泥潭里的青蛙那样肮脏滑腻。你除了会在泥潭中叫几声之外，再也派不上任何用场——对你的人生来说，这既是开始，也是结局！

通常来说，责任给我们带来的压力只是"责任"的一个方面，而最重要的一个方面，却被我们有意无意地给忽略了。

在谈及这个问题时，我向学员们讲述了一个故事。在古希腊神话中，通往宙斯大神所在的奥林匹亚山的路上，有一条名叫欧勒底忒斯的河流，凡是渡过这条河流的人都能够跻身于伟大的众神之间，获得无比的荣耀。然而这条河的河水汹涌无比，凡是走入这条河中的人，都立刻被激流冲得无影无踪，失去肉体和精神。后来大力士赫拉克勒斯在渡河之前，背负起一块巨大的石头，他依靠石头的重量顺利地渡过了欧勒底忒斯河，获得了成功。据说他登上奥林匹亚山之后，专司信息沟通的神使赫尔墨斯测量过那块巨石的重量，发现其重12克特令（古希腊的重量单位），这就标志着英雄赫拉克勒斯必须要完成12件功业。

事实上，不管是公司还是我们的人生，都是这样一条波涛汹涌的河流，每一个人都要渡过这条河，才能到达成功的彼岸。而能够保证我们不被激流所淘汰的，唯有背负起责任的巨石。责任越大，我们也就越接近成功。你身上背负的巨石，恰好是你要完成的功业和承担的责任，没有谁可以一身轻松地渡过神圣之河，从而得到万人瞩目的至高无上的荣誉。

责任从不是一个错误，更不意味着严厉的惩罚。当你意识到此时，你的气场将开始发生质的变化。你会与消极者们拉开距离，站在他们的上方，同时也是高高的山顶上。虽然你面临着从高处掉下的危险，但只有你能够享受山顶清新的空气，欣赏最美的风景，得到最高的荣宠。山脚的人，他们只能远远地看着，如此而已。

这就是我的"责任催生刚性气场"理论：只有"不负责任"才是真正的错误，也只有"失责"才会付出代价。同样的道理，我们只有在逃避责任的时候才会遭到人生的惩罚，身上包裹着一层羸弱的气场，泯然众人。

从今天开始，你需要明白以下道理并立即在自己的生活中加以执行：

〇责任是一种不精确的概念，我们从来不需要追求精确的结果。所以我们可以容许错误，但千万不要容许因为害怕错误而犯下的错误。

〇在任何时候，团队在"追究责任"的时候总是会网开一面的；但在追究"逃避责任"的责任的时候，绝不会手下留情。

○无论做什么事情，承担责任就不会被"追究责任"，只有在不敢承担责任或者是在逃避责任的时候，你才会犯下最严重的错误。

○因为害怕犯错误而不敢放手工作，你将不能被原谅。

○任何时候我们都不要犯下"不敢犯错误"的错误，任何时候你都不要被追究"逃避责任"的责任。做到这一点，你全身上下将充满积极的气场和吸引力。

◎ "放弃"理论：舍得人生不重要的7%

你放弃过一些重要的事情吗？我经常会问那些自以为苦恼的人们。我们在什么时候要放弃，什么事情需要果断地放弃？正如我对前来咨询的底特律主妇乌莎女士说的，放弃不是怯懦，如果你不想继续承受无聊生活对你的煎熬。她的婚姻失败极了，使她常年经受痛苦，但当需要作出离婚的决定时，她却突然犹豫，止步不前了。

美国保险业巨头法兰克·毕吉尔在刚刚从事保险工作的时候，事业曾经一帆风顺。他出色的推销能力，让他在这个行业里如鱼得水，在很短的时间里就成为全世界的保险推销之王。

当他充满激情、对未来充满抱负、渴望在保险业大展身手的时候，他却遭遇了自己从业以来的第一个工作"瓶颈"问题，并被它牢牢困住。

他希望自己的业绩得到迅速的提升，于是他起早贪黑地出去跑业务，并使出浑身解数说服客户购买他推荐的保险。为了争取到每一个可能成交的业务，他经常要三番五次地登门拜访。

可令他沮丧的是，一切的努力收效甚微——虽然他付出了比往常多几倍的汗水，可他的业绩和原来相比并没有多大的提高。

那段时间，他感到自己非常无能，整天郁郁寡欢，对前途丧失了信心，甚至想要放弃这个充满挑战的职业。

一个周末的早晨，从一整夜的噩梦中醒来的他，仍然有些沮丧和不安。不过，很快他就平静下来了。

他就像得到了上帝的启示，调整情绪，喝下一杯咖啡，开始认真思考解决问题的办法。

毕吉尔在内心不断地问自己：为什么最近自己会那么忧郁？问题到底出在什么地方？

思考的结果是积极的，平日里工作的情景很快闪现在他的脑海里：许多时候，在他多次登门拜访、百般努力下，客户终于答应购买他的保险，但在最后的关头，客户反悔了，并说："让我再考虑考虑，下次再谈吧。"这样，他最终不得不沮丧地离开，再花时间去寻找新的业务。

我该怎么样才能很快地把自己从沮丧中拯救出来呢？他在脑海里飞快地思考着。

在还没有想到好办法的时候，他开始随手翻阅自己一年来的工作笔记，并进行细致深入的研究，希望能从中找到答案。很快，他就发现了问题的症结所在。一个大胆的念头在他脑海里闪现，令他自己都有些震惊。

之后的日子里，他一改往日的工作方法，开始采用新的推销策略。结果令他大吃一惊，他创造了一个奇迹——在很短的时间内，他把平均每次赚2.7美元的成绩迅速提高到了4.27美元。当年，他新接洽的保险业务，第一次突破百万美元大关，引起业界的轰动。

凭着自己出色的智慧和独特的推销策略，毕吉尔迅速成长为保险业内的巨头。

后来，法兰克·毕吉尔向世人公开了自己成功的秘诀。原来，当年他在自己的工作日志中发现了这样一组奇特的数据，从而改变了他对工作的认识：在他一年所卖的保险业绩中，有70%是第一次见面成交的，有23%是第二次见面成交的，只有7%，是在见面三次以后才成交的。而他实际上花费在那7%的业务上的时间，几乎占用了他所有工作时间的一半以上。

于是，他采取新的推销策略是，马上放弃那7%的利益，不再为它的诱惑所打动。这样，他就可以腾出大量时间用于新业务的拓展。于是，他成功了。

★一个人的成功有时候就这么简单——果断放弃你人生的那尤用的7%！

　　当学员加索尔问起我对这件事的看法时，我只说了四个字——果断放弃。不能把握到的，我们必须果断地放弃。就像你一样，加索尔，你对自己的经营理念感到不满意是吗？思考过其中的原因吗？

　　加索尔摇摇头，他的计划太庞大了，但他的资金严重不足，这让他四处开花却又处处艰难，几乎迈不开步子，渐渐地便寸步难行。

　　"看来，我需要割舍一部分目标，还要裁员。"作出这样的决定总是痛苦的，尤其对企业家来说，他们希望自己的资产不断增加，而不是突然有一天要去掉几个重要的部门，这意味着失败。

　　加索尔的回报很快就来了，因为精简了业务，有限的资金集中到了一两个关键业务上，他第一次赢利了，并且在第一个季度使公司的资产增加了170%。

　　只有果断放弃，清醒地选择，我们才留得住最重要的东西，而不是因为保住鸡肋失去更多。在做事的气场中，舍得理念似乎并不常被人提及，但却极为重要。人们不舍得的东西太多了，甚至为了一点蝇头微利就会走上极端之路。

◎ 成为思考的行动家，而不是行动的思考者

　　请像实干家一样思考问题，像思想家一样付诸行动。当你决定做一些事时，我会送给你这句话，并请你把它当成一生的座右铭。你的行动

步履蹒跚，是因为你的脑袋里装了太多的事情。更重要的是，你让思考成了一种过于固执的习惯。

一般来讲，我们有太多的事情在脑子里，它们每一个都喊着让我们行动，给它们一个圆满的结果。这是我们生活的环境所导致的——人们一般都希望自己能够完成得更多，虽然做起事来总是力不从心。

除了重要的工作以外，你很可能还正在努力地去做一些你想要或需要实现的私人的项目与任务。事情真是太多了，不是吗？我们想成为好的父母，好的子女，好的姐妹，好的朋友，好的邻居。我们经年地努力奋斗，推动自己实现这些角色。

因此，我们就体验到了这样的情况：

○承诺占据了我们大脑的大部分空间。这些承诺没有兑现或者它们兑现得不好是我们紧张的主要原因。

○内在的压力很可能比我们想象的还要多。从回复一堆邮件到倒生活垃圾，从去大学演讲到抽空去看望年迈的父母，这么多的事情都会在一个特定的时间同时出现在我们的脑海中。

○每次我们未能兑现或者未能完全兑现一项承诺，它就继续留在头脑中并且增加了我们紧张的程度。因为我们不清楚结果会如何，也没有进一步决定今后应该采取的具体行动，并对综合的情况缺乏思考和判断。

我们要么在行动时缺乏思考，要么因为事情太多而思考过度。但这样的情况是可以改变的，只要你马上按以下步骤行动。

第一步：清空拥挤不堪的脑袋

你要知道，记住所有的事情是不可能让人感到轻松的，你必须采取积极的行动来掌控生活。首先就是弄清楚我们要做什么，然后作出决定，采取行动。对此，管理的要点就是删除，将最差的信息和选择统统驱逐出大脑。

忘掉一些事或许很困难，可是巩固记忆的后果却更难承受，因为信息量太大，很多人不知道下一步要做什么才能完成一个项目或者兑现承诺。他们的第一反应往往成了程式化的"我没有时间""我太忙了"等，并且他们也渐渐地忽视了那些最重要的事项，因为眼睛被无数不怎么重要的信息遮蔽了。

我要说的是，真正的问题不是我们缺少时间，而是没有弄清重要的项目是什么，以及需要对垃圾事项采取什么样的行动。

第二步：整理我们的内心世界

为了不让我们惦记着每一件事情，就必须确保自己捕捉和收集到了所有需要做的事情。这就像填满一个桶一样，将那些还未完成的重要事项搜集起来，排在一起进行整理，对内心世界进行一次净化和排序。这意味着我们想到的所有这些事情应该有所改变，我们要乐意投入精力去改变它们，并拿出前所未有的积极态度。

收集并整理的工具并不难找，我们可以利用笔记本、各种电子设备，还有电子邮件，有时还能用上简单的录音器。只要可以将信息合理地分工，我们就能在清空之后进行重新排列，以轻重缓急的顺序将它们郑重地在内心世界安置好。

第三步：分析所有的信息，包括记忆和未来 ....

在做完了第二步的收集整理工作之后，我们需要针对每一件事情问一问自己：它们都是什么事呢？许多人都犯过这样的错误，将事情收集起来却很长时间都没有去做，仅仅是因为他没有真正地弄清楚它们是什么，以及对于他意味着什么，还有是否真的需要针对它们做些什么。

我们要对所有的信息进行分析，决定自己是否可以采取行动，以及决定要做什么、如何去做。如果不是的话，要么把它扔掉，要么保留着它，等待日后再作决断——假如它有一些有用的参考信息。

决定事情的下一步行动，简单地讲就是为了推动事情向完成的方向发展。我们必须作一些准备，可能是打一个电话、为下一个会议写下重要的想法和提纲、与某人的谈话，或者作一些基本而必要的研究，然后做出行动的列表，展现一个清晰的路线图。

第四步：行动之前组织一场"思考风暴" ....

最为关键的是，一旦我们知道了想要完成什么事情，以及为什么要这么做，气场中的"如何行动"机制就开始发挥作用。我们要组织一场"头脑风暴"，为自己的想法创造一个图像化的格式，激发内在的潜意识，凝聚气场。

　　具体来说，我们要形成一种可见的蓝图，把想法具体化、物理化，比如写在白板上、便条上或者在电脑中勾画出来，做出计划书，预测完成后的结果，然后评估。这让我们能看着自己原始的想法，迸发出新的想法来。在这个过程中，气场就会扩张，而不是收缩，会进行丰富的联想和反复的论证，所以新想法越多越好，非常有利于我们的分析和再次组织，对计划做进一步完善。

第五步：我下一步该做什么？大声告诉自己 ⋯⋯⋯⋯⋯⋯⋯⋯⋯

　　作为最后一步，我们需要问的关键问题是"下一步的行动是什么"。到这时，你就要迈出双脚，拿出勇气和执行力，去完成这个伟大的方案了。相信我，任何完美的事情都是这样做成的，没有例外。

◎ 和固执做朋友

　　你必须懂得何时坚持己见，何时应该听从善良的建议。在这两个选项中，"固执"的气场对于成功者来说更加重要，哪怕是一些可爱而顽固的坏脾气，它也会给你的行动力带来积极有效的影响。

　　佛罗里达州的梅萨先生是独一无二的"固执"气场的拥有者，除了读几本心理学著作，十几年来他既不炒股票，也不买基金，更不炒卖商品房，而是全心全意投入到实业经营中去。近两年来他唯一参与的其他投资也是与土地相关的，是在实业经营的过程中偶然在加州购买到的一块土地，现在已经增值了几千万美元。

梅萨有一个著名的观点：股票、房产都是透支生命的投资，它们会让人缩作一团。

在他看来，一个人的精力是有限的，顾及了实业经营这一个方面，他的时间已经十分紧张了，如果同时再在投资理财的行业内做什么多元处理，就很容易陷入得不偿失的境地。

这跟那些每天泡在华尔街里的股票投机者们形成了鲜明的对比，大量的资金涌进了证券市场，恰好就给梅萨这样的稳步前进的老手腾出了空间。那些人在证券市场遇到牛市时十分开心，但在熊市时却流下绝望的泪水。很多人在股市进进出出好几年，不但没有赚到钱，而且还浪费了时间。

"我的钱投资在了刀刃上，绝不涉及泡沫行业，"梅萨说，"我像守护生命一样坚持这个原则，在我有生之年，我不会听从任何人的建议，包括你的怂恿，保罗！"

固执的梅萨始终是一个成功者，以变通著称的戴维却在前不久陷入了一场空前的灾难。他曾创造了金融投资界的奇迹，涉猎行业达到十几个，没有做过一次亏本买卖。他以善于听取建议著称，哪里有赚钱的机会，他就会像尖鼻子的狗一样闻风而动，迅速跳到现场，撒开他捞钱的大网。

但是从不固执的戴维失败了。

在我的办公室里，戴维脸色灰暗，很像一个做错了事的孩子，一边感到委屈，一边百思不解。

"戴维，你可以向我讲讲事情的经过吗？""没什么可讲的，因为我也不清楚是怎么回事。"

的确，戴维已经彻底糊涂了，因为这些年来他听从了太多人的意见，现在他的内心正在打架，是一场他自己与那些各类观点的大决战。我给他讲述了梅萨的经历，他一定在想，为什么梅萨可以拥有如此良好的控制力，抵制住那些泡沫的诱惑？

要让固执成为自己的最好朋友，变成维护并建设独特气场的强力工具，我们需要的不仅是决心，还有出色的判断力。你需要明白自己的实力，比如：我到底是什么样的人？哪些事情是我可以做的，哪些又是我不能做的？……当你无法准确定位时，你就容易受到他人的左右，因为你自己也不清楚到底应该做什么。

◎怎样面对失败

当面对挫折时，我相信99%的人都会产生心有不甘和沮丧恼火的情绪。就像戴维一样，他竟然在我的办公室摔过咖啡杯，还一脸痛苦地做出跳楼状——幸亏他只是一时冲动，在我和莱恩准备去抱住他时，他自己踩住了刹车，否则第二天的《华盛顿邮报》就会出现一篇关于他跳楼自杀的新闻。

亲爱的读者们，我想你们很需要在此时平静心情。若你也是一位刚好有过失意体验的如同戴维那样的人，在质问失败之前，很有必要首先低下头与自己的内心对话，站在另一种角度看待正在面临的烦恼。

你要知道，面对失败的态度决定着你是否具备坦诚宽阔的心胸和积极看待事物的能力。

约翰·麦凯恩在败选后向全美选民演讲时说：

> 我的朋友们，我们已经结束了一段长途旅程。美国人已经作出了他们的选择，清晰地作出了他们的选择。
>
> 不久之前，我非常荣幸地打电话给奥巴马参议员，向他祝贺胜利。祝贺他当选为这个我们都热爱的国家的新一任总统。
>
> 在这场持久而且艰难的竞选活动中，他的成功赢得了我对他的能力和毅力的尊敬。但是更让我赞赏的是，他激起了数以亿计的美国人民的希望。他们原本错误地以为他们自己在选举中所发挥的作用有限。这是一次历史性的选举，我承认它对非洲裔美国人的重要性，今晚的荣耀必定属于他们。
>
> ……
>
> 奥巴马参议员实现了他个人的伟大目标，同时也实现了这个国家的目标。我为他鼓掌喝彩，同时也对他敬爱的外祖母没有活着看到这一天而表示真挚的同情。但我们的信念告诉我们，她一定是在上帝那里安息，一定会对她抚养长大的这位好人而感到自豪。

奥巴马参议员与我曾就许多分歧进行过争论，但他最终获胜了。毫无疑问许多分歧仍然继续存在，而我们的国家目前正处在困难之中，但我今夜向他承诺，我将会尽我的全力来帮助他领导我们共同迎接目前面临的许多挑战。

我希望所有支持我的美国人，不仅仅是要和我一起来祝贺他，同时还要向我们的新任总统表达我们良好的心愿以及我们真诚的努力。以便大家一起就分歧达成必要的妥协，重新恢复我们的繁荣，在这个危险的世界上捍卫我们的安全，给我们的子孙们创造一个更加强大的国家，让他们在这个国家更好地生活。

……

微笑着面对失败很困难吗？麦凯恩的演讲代表了美国政治的最高价值观，尽管并不是所有的美国人都能做到平静地对待挫折甚至是羞辱。

肯德基的开创者山德士会告诉你，接受失败是取得成功的前提。作为一位饱经失败的美国人，他小时候父母早早地逝世，自己长到16岁谎报年龄参军，18岁结婚，结果妻子不久就跑了。刚结束军旅生活的他找工作特别不顺心。他开了一间小商店，不久就不得不变卖，自己去当店里的小职员，可是没干多长时间又被解雇，以后他的工作越做越糟。如果换做是你，你也许会想，简直没有比这更糟糕的生活了，还不如让我死了！但是，最后他凭借自己的努力还是当上了一家餐厅的主管，眼看着干得正好，却又到了退休的年龄。

他的一生就这样完了吗？不！他用一点可怜的退休金开创了肯德基——一家传奇性的餐饮连锁企业，将美国的餐饮文化传播到世界各地。

一个人遇到这么多失败，会被打垮吗？至少山德士不会，他微笑着面对失败，最终获得成功。

你还需要记住另一个人的故事：他经商失败，竞选议员失败，当律师却打输官司，自己一度精神崩溃，无论干什么都只有一个可笑的失败的结果。他调整好自己的心态，用理智的思维再度竞选议员，这次好歹成功了。不久他谋求连任，再度失败，然后他又继续竞选。他的目标一次比一次高，甚至为自己制订了竞选副总统的计划，但还是失败了。

很多人读到这里时，早就破口大骂或者哈哈大笑，要求这个"小丑"赶紧停下来，但他还是继续竞选。到了51岁，他终于成功了，成了美国总统。这个人就是林肯，美国历史上最伟大的总统之一。

无论在何时，林肯总是微笑着。纵使失败，他仍以微笑面对，也正因如此，林肯最终获得了成功。

为什么你不可以这样？

看到失败的积极面，总结教训远比哭泣重要。里尔的故事值得所有的失败者借鉴。他在曼哈顿融资两百万美元去投资一家个人电脑代理店，仅仅半年就倒闭了，里尔一夜之间身负巨债。

他没有自杀，也没有终日沉沦。我和莱恩去拜访他时，他正悠闲地待在市郊一家农场的小屋内喝着速溶咖啡。

"嘿，你们猜我在想什么？"他说，"我终于可以给自己放假了，你看这里的景色，像不像传说中的东方的桃源仙境？"

真是一个乐观的人，我和莱恩的担心终于放下了。

如何调整失败后的心态是我们对于高级领导者的培训内容的重中之重，因为他们的心态对于一个团队的命运来说至关重要。你会睡上一个饱觉，还是满怀愤懑之情去酒吧寻求酒精的麻醉？类似的问题我会要求课程的参与者认真而且大声地回答，并确定自己心情的颜色。

遭到挫折之后，情绪的发泄总是需要的，但时间不宜过长。积极的心情来得越早，你的气场就越健康。通常我们仅有两个小时来释放内心的郁闷，对于绝望的股民或者遭遇情感问题的普通人来说，次日的太阳升起时，最好带着一张笑脸开始新一天的生活。

泰国有一个著名的商人施利华，他是一位拥有亿万资产的商界风云人物。1997年的金融危机席卷整个东南亚，不知毁灭了多少企业。不幸的是，他也破产了。但面对如此惨重的失败，他只说了一句："好哇！又可以从头再来了！"如果施利华像那些股票损失两千美元就急着去跳楼的人一样悲观，那他早就死过几万次了。

显然，在他这里，只有糟糕的事情，没有糟糕的心情，因为即便只有1%的坏心情，也会导致我们100%的失败。

让我告诉你：当你面对失败时，气场的颜色往往决定你眼中世界的颜色。

这个世界上的人一共分为两种：成功的人和失败的人。每天有无数的人取得成功，也有大量的人遭遇了失败。这两种人，他们在本质上并没有什么区别，只是他们在面对失败时气场的颜色不同而已，也就是说，他们控制内心情绪的能力不一样。

一个失败者，并不是真的像他们所说的那样缺少机会。"该死，好机会都让大财团抢走了，留给我的只是一点残羹冷炙，我怎能不失败呢？这全怪那些富豪！"有些人就这样愤怒地抱怨着，他们还会归咎于自己资历尚浅，甚至像某些人说的老天无眼，上帝在那一刻睡着了，给自己的庇佑不够。在失败面前，他们不会控制自己的心情，任由自己的糟糕情绪随意地宣泄。

在愤怒时，他怒火中烧，忘了更好地善后，以及表现自己的绅士风度；

在消沉时，他借酒消愁，让自己的委靡情绪放肆地滋长，却把许多稍纵即逝的机会白白浪费掉；

在他得意时，他又忘乎所以，四面树敌，好像他从此就一步登天，再也不用顾忌别的错误，于是又给下一次失败埋下了祸根！

积极的气场会创造我们的成功，而消极的心态则是对积极气场的严重消耗；积极的心态是成功的源泉，帮助我们尽快摆脱失败的阴影，消极的气场则是失败的开始，是我们的生活和事业的杀手。

有一个故事是很多失败者应该记住的：

　　两个人在黑夜的沙漠中孤独地行走，他们水壶中仅有的水早就喝完了，两个人又累又饿，体力渐渐不支。休息的时候，其中一个人就问另一个人，现在你能看到什么？被问的那个人回答道："唉，我现在似乎看到了死亡，似乎看到死神在一步一步地靠近。"发问的这个人却微微一笑说："是吗？我现在看到的是满天的星星和我的妻子儿女，他们正在等待我回家。"

最后，那个说看到死亡的人果然死了，就在快要走出沙漠的时候，他绝望地用刀子匆匆地结束了自己的生命。而另一个说看见星星和自己妻子儿女的人，则靠着星星方位指示，成功地走出了沙漠，成为人们心目中的英雄。

其实这两个人并没有能力上的差别，仅仅是在面对似乎注定的失败时的心态有所不同。一个是积极的，乐观的；而另一个则是绝望的，愤怒的。最后他们演绎了截然不同的命运。

可见，我们处于逆境中的心态往往会决定自己的命运，你是大方一笑，积极地继续进取，还是沮丧得无以复加甚至想要放弃，不同的心态将决定你的明天是什么颜色。如果你想时刻都过得愉快，让自身的气场健康明朗，你就得让自己的心情永远都在你的掌控之中。

你要知道，拥有什么样的心情，内心就会呈现什么颜色的气场。

我送给你应对失败的六个建议

1. 制定适度的目标而不是渴望太多。我们对自己要有一个正确的认识，给自己所定的目标不要太过高远，最好能先制定一些比较容易实现的小目标，用来缓缓激发积极的气场，同时满足自己的成功心理，积累成就感；而且，如果你对自己的期望不是特别高，即便失败了也不会对自己伤害太大。

2. 不要将希望寄托在别人身上。你要明白，在这个世界上，谁都不可能从根本上帮助你，唯一能帮助你的只有你自己。因此，不管做任何事情，都不要把希望寄托在别人身上，一定要依靠自己，并尊重自己的努力。不然，希望越大，你的失望也就越大。

3. 将失败视为对别人的帮助。就像麦凯恩在他的演讲中说的一样，失败只是一种对赢家的衬托，而他的对手同样是优秀的。当你意识到这一点时，即使失败，你也会赢得别人的尊重，以后你的路就会越走越宽，这本身就是一种巨大的成功。

4. 在不可战胜的压力面前，善于作出让步。当困难的确难以击败时，你会怎么办？如果一座雪山是从来没有人攀越过的，你爬到了半山腰才发现这个秘密，你会采取什么对策？理智的人在适当的时候一定要善于作出让步，保存实力比轻率地葬送自己更加宝贵。

5. 失败以后，善于调节与发泄坏的情绪。当事情没有做成功时，我们不可能没有情绪，但在这个时候，除了要保持冷静和理性之外，你还要为这些情绪找一个安全的发泄方式。我们可以去跑步，写诗，听音乐，或者把它转换为工作动力，最忌讳的就是酗酒和自甘堕落。

6. 想到事情的积极面。现在很多人有一种极不好的习惯，他们总是在一件事情发生以后，最先看到这件事情的阴暗面，而往往忽视了积极的一面。然而，哪怕是最惨重的失败，它对我们也是有意义的。不小心掉进了河里，有的人会破口大骂，气得两天吃不下饭，但有的人却轻轻一笑："谢谢你，让我今天洗了一个免费澡。"只要你能发现积极的一面，人生遇到了失败，你的生活也不会受到太大影响，反而会带来一些自娱自乐的积极因素！

◎ 做一个有信仰的人

许多人问我："信仰是什么？是上帝吗？天可怜见，我对上帝从无感觉。"

不得不承认，尽管几乎所有的美国人自称是上帝的子民，但他们中的许多人的信仰只是处于一种朦朦胧胧的状态！尤其这些年来金融危机不断地发生，似乎让从来没有从衰退中摆脱出来的美国社会染上了浓重的金元情结。

"请你让我赚钱吧！给我支着儿，告诉我那些赚大钱的手段。我想提高气场，然后成为千万富翁，这样我的房子就可以保住了，银行存款不会贬值，还有衣食无忧的生活。"

这成了他的信仰，我从他的身上看到了功利的欲望膨胀的气场，并且也看到了将来再次的失败——这是不可避免的！

真正的信仰是对见不到的事物的爱，是对似乎不可能存在的积极事物的信赖。

当你拥有了积极的信仰，在做某件事的时候，你首先会追求把这件事做到最好，因为你不是做给某个人看的，既不为上司，也不为自己，更不是为上帝，你是在为内心的崇高价值观服务。这样的生活即便十分劳累，你也会感到无比的幸福。

★ **当你有信仰，你就一定会幸福。**

★ **积极的信仰是健康气场的永动机。**

一个人有了信仰就有了目标，他的内心就会产生一股强大的力量，生命就如同被点燃的火炬一样光芒四射。无论从事什么职业，去做什么事，他都会产生最好的气场，没有什么问题可以难倒他，事实总是不断地向我们作出证明！

你知道吗？罗杰·罗尔斯是纽约州历史上的第一位黑人州长，在他的身上，就完全体现了我们提到的这种信仰的重要性。

他出生在纽约环境肮脏、充满暴力，而且还是偷渡者和流浪汉聚集地的大沙头贫民窟。那里是一块声名狼藉的知名流氓产生地，在那里出生的孩子没有几个在长大后从事什么体面职业的，因为他们从小就学会了逃学、打架，甚至是偷窃或吸毒。然而，同样是在这里出生的罗杰·罗尔斯后来却成了纽约州的州长。

这还得感谢当时他们学校的董事兼校长皮尔先生。这个校长发现，这些孩子甚至比当时最为流行的"迷茫的一代"还要无所事事，他们上课时不与老师配合，东张西望，对课程一点都听不进去。他们也经常旷课，每天除了打架就是和老师作对，甚至还会砸烂教室里的黑板。皮尔先生尝试了好多办法来改变这种现状，却始终无济于事。不过校长先生在一段时间的接触后，终于发现这些孩子都有一个共同的特点，就是他们非常迷信，只要是和迷信相关的东西，他们都会深信不疑。于是皮尔抓住这个特点，在他上课的时候给学生们看手相，并利用这个办法来引导学生。

这天，终于轮到罗杰·罗尔斯了，当他把肮脏的小手递给校长的时候，校长很兴奋地拉着罗杰·罗尔斯的手说："孩子，你不得了啊，我一看到你修长的小拇指，我就知道，将来你肯定是纽约州的州长。"

罗杰·罗尔斯惊呆了，因为从出生一直到现在，还没有谁给过他这么高的评价，唯一的一次就是他奶奶。老太太说他能当一个船长，那就走大运了。比起纽约州的州长来说，那简直是小巫见大巫。

在以后的生活里，小罗尔斯的心情顿时开朗了许多。他对生活充满了希望，他的衣服也不再是沾满泥土，说话也不再夹带污言秽语了，甚至在走路的时候，他也会有意无意地挺直腰杆儿。在他的内心，他始终都以纽约州未来州长的身份要求自己。

功夫不负有心人，在51岁那一年，罗杰·罗尔斯成功地成为了纽约州第一个黑人州长。这就是信仰的力量！积极的信仰帮他解决了一切难题，使他为了一个理想坚持不懈地奋斗到底，最终实现了当年的愿望。

信仰是成功者的气场之源

1. 信仰是一种积极的自我意识。在构成一个人的成功心理的主要因素中，积极的自我认识、自我评价和自我期望占据了最主要的位置，它不仅对我们生活中的各个方面，甚至是对于我们的言谈举止，以及重要的人生选择都会产生决定性的影响。因此一个人要想成功，必须得先有一个积极的自我意识，而这恰恰是信仰的主要组成部分。

2. 信仰可以产生明确的价值观念。只有具备了崇高的信仰，我们才会产生正确而且清晰的价值观，知道什么是最重要的、最喜欢的、最需要的，然后为了这个目标去努力。这也是我们的气场中最主要的欲望、动机和追求，是潜能量的活动规则。一个人如果没有积极的价值观念，早晚会陷入到一种消极的生活状态中去，成功对他来说基本是不可能的。即便他会有短暂的成就和得意，也只是昙花一现，不可能成为一种持久的生活状态。

3. 信仰会让人具备良好的自我状态。当你成为一个有信仰的人，你会经常保持奋发向上和朝气蓬勃的精神状态，可以理智并富有激情地控制自己的情感世界，凭借积极的努力去向既定的目标冲刺！

Part 6

气场与人生：
决定命运的四种能量

◎气场为什么决定命运
◎怎样提升优秀的气场
◎17个重要的气场指数

◎气场为什么决定命运

我们已经无比地清楚并且相信，气场是人生的指挥棒，决定着我们能够达到的高度和取得的成就。你能握住它成为它的主人吗？

每个人都具备一个动态的能量场，它无处不在，但又难以控制，具有无与伦比的效力。它会鼓励我们超越自己，同时又会不时做一些让人很难掌握的事情，是看不见的魔幻之手，拥有巨大的动能。

我们经过大量的研究发现，气场对人的内在影响具体表现为四种能量。这四种能量在我们身上是一个浑然天成的复杂体，但却经常单独地在某一个方面影响我们的命运。

选择的能力

不管你信仰什么，你都具备选择的力量。生活中，你选择物质和精神消费的方式，体现的是你的品位，是生活的气场，比如你穿的鞋，你开的汽车，你收听的广播，你看的电影等。在你拥有它们之前，你就要作选择，而你也有这种能力。没有任何来自你本人之外的因素迫使你作出这样或那样的决定，你作出了这样的选择，根本原因是因为你希望它是这样的。

如果这是一个糟糕的选择，有些人会把它归咎于看不见的东西，比如有人就说："啊，这是上帝的旨意。"但真的是吗？上帝只会给你自助的能力，最终的按钮一直都在你的手中，没有任何人可以代替。所以，选择的好坏只能由自己来承担责任。

如果你选择吃得很多并因此生病的话，该责怪谁呢？

如果你将车开得太快以至于最终失去控制的话，到底谁是罪魁祸首呢？

如果你自己的性格龌龊，做事令人讨厌，那么谁又能替你负责？

如果你选择把钱带进棺材，成为"坟墓中最富有的人"。那些贫民应该去责骂上帝还是你？

不能怪任何人，一切都因为你有选择的能力。你的选择会成就自己，也可能伤害自己。

当一个人进行思考时，他就因此而存在；当他作决定时，他的气场便已出现轮廓。

无论多么伟大的成功都不是来源于上帝的恩惠或机遇的关照，而是一种长期进行正确思考的结果。

无论是创造还是毁灭，我们都是自己来完成的。在气场的深处，那里是我们思维的工厂，不停地给出选择题的答案，并传送给我们的身体。所以，通过正确的选择和诚实的思考，我们会向神圣和完美迈进；错误的思想和毫无理性的选择，则只能将你降至与禽兽为伍的地步。在这两个极端之间，还会有不同层次的性格，而你正是这些性格的创造者和主人。

因此我告诉你，在我们的生命中，没有任何投机的成分，所发生的都是规律和法则作用的结果，只是有时我们并不清楚它的运行过程。不管是工作还是生活，每个人都有自己的轨迹，并按照规律和法则进行运转，由此产生了我们互相有区别的气场。

当你认识到自己具有创造性的力量，自己能主宰自己的生命时，你就真正成了自己的主人。然后，你就可以有效地修正自己性格中的缺陷，并让命运取得迅速和显著的改善。体现在外部的变化则是：你在很短的时间内改善了自己的气场，成了一个可以主导自己命运的人。

当你明白自己应该冷静、理性地面对内心时，你就能体会到，原来"我可以控制我自己"。你才能知道如何控制自己，并在与他人相处时适应他人，展示自己的魅力，别人也会反过来尊重你的力量，并且以你为楷模，仰赖你的气场做事。

执行力

当你确立了人生目标，应该在心中标出一条通向成功的笔直道路，并且坚定不移地加以执行。执行力是我们改变命运的犀利武器，没有执行力，再美好的蓝图也不过是一堆废纸。

我们心中所有的疑虑与恐惧统统应该清除。要知道，那些杂念只会影响你的努力，扭曲正确的方向。疑虑和恐惧的想法不会帮助我们获得成就，反而会让目标和理想受到损害。

"渴望行动"的前提是我们知道自己可以，而疑虑与恐惧是我们了解自己的过程中最大的敌人。如果你在心中放任这些情绪生长，它们就会逐渐破坏本来非常健康的气场，让你在成功的道路上为自己设置重重障碍，每走一步都会受到牵制和阻挠，即便一件最简单的事，也会完成得无比困难。

只要征服了疑虑与恐惧，马上将内心的蓝图付诸实施，你就征服了失败。

在不同的气场主导下，我们取得的所有的成就——生意场的、智力上的和精神世界里的，都是目标明确并且执行有力的结果，唯一的区别只是人们努力的目标不同。

自我审视与修正的能力

当你懂得审视自身时，你会发现自己是性格的制造者，也是自己生活的塑造者，更是自己命运的建构者。要想积极引导自己的命运，你就要注意观察，控制和改变自己的思想，将那些弱点找出来，逐一进行改正，同时不停地修正可能已经发生错误的路线，还要学会从别人的成功中汲取经验。

很多人总是热衷于改善他们的环境，但却从来不愿意改变他们自己；正因为此，他们总是处于一种气场被束缚的境地。要知道，一个勇于进行自我剖析的人在实现自己理想的道路上才不会一直失败。即使他唯一的目标仅仅是获得财富，那么他在达到目标之前也必须作好充分的准备，随时准备付出巨大的代价，其中包括走到一半时抛弃以前错误的计划，把那些影响理想实现的因素统统拿出来扔掉。但是现实中，大量的人只会抱怨环境，却丝毫不知道他是自己处境的唯一创造者，他有很多机会改变现在的糟糕局面，只要拿出反思的勇气和调整的决断力。

意志力

"一个计划你可以坚持多久？"我问坐在台下的HD公司的员工摩迪。他对此并不确定，因为他从来没有考虑过自己为了什么事情动员过体内的意志力。这说明他的坚持性很差，很难完成需要付出较长时间才能实现的目标——除了只消睡着大觉等待的"永远不会发生的美梦"。

意志力是一个人气场的显著构成。但是很多人的内心容纳的东西太多了，当他致力于实现一个正当的目标时，内心中总还藏有一些与目标格格不入的想法和欲望，不时地跳出来劝说他赶紧放弃。

他在不断地为目标的实现制造障碍，损坏自己的意志。只要他乐意，气场就会发生改变，不管做什么事，他总是半途而废。

他完全没有中心目标，很容易受到一些微不足道的情绪的困扰，诸如忧虑、恐惧、烦恼、自怜等不良的情绪。我告诉你，所有的这些情绪都是软弱的表现，是意志力的反面，是坏命运的组成分子。它们一旦出现在生活中，将导致无法回避的过错、失败、不幸和失落。

所以，一个人应该在内心树立一个合理而伟大的目标，然后着手去实现它。他应该把这一目标作为自己思想和人生的中心，当做至高无上的任务，坚持到底，不管遇到什么麻烦，都要动手解决它。通过坚持不懈的努力和坚忍不拔的耐心，使自己的气场越来越强，最终成长为一个强有力的人。

"那些体质虚弱的人能够通过精心和持久的训练变得强壮，同样的道理，思想软弱的人也能通过正确思想的锻炼变得坚强，具备强大的意志力。"

当摩迪抛开漫无目标和怯懦无能，开始为他的人生确定目标时，意味着他即将加入强者的行列。

现在，开始构想未来

无论怎样，你都应该为自己制订正确的计划，这是对我们最好的气场训练。当人们选择并规划正确时，即便在执行的过程中出现错误，代价也是最小的。否则一定会遇到更多的教训，才能明白应该如何计划自己的人生。

对于人生而言，我们迈出的第一步总是最重要的，没有任何决断比它更重要。交学费并不像想象的那样美好和必不可少，很少有人在第一步失败之后还可以像最初那样保持无与伦比的激情。

　　有很多人经历了数年乃至十几年误区。比如我亲爱的朋友贾德森，他突然有一天发现，自己过去的十年都生活在无趣、无效和麻木当中，而这全部源于他刚从大学毕业时的一份冲动性的构想：我要成为北美最好的棒球手。

　　但最后他却发现，他最适合的职业其实是歌曲创作。他在自己36岁的时候，才在纽约一家酒吧一炮而红，成了那个街区最受欢迎的兼职音乐人。

　　"真是悲哀，我完全惊呆了，对我的过去和未来。这是一种犯罪，我浪费了多少宝贵的人生，而且是无可追悔的黄金岁月。"

　　"那你打算怎么办，从棒球队退役吗？可能这是最好的解脱。"

　　"我有这个想法，但我不清楚是否值得。"

　　我告诉他，不要再犹豫了，也许这将是他十年来最正确的决定。最重要的是：不要让自己再犯第二次错误。

　　贾德森思虑再三，听从建议辞去了棒球手的工作，转而做了一名职业音乐人。现在两年过去了，他庆幸这个艰难但却值得的选择，因为走在正确轨道上的人生让他全身上下充满了斗志，享受到了真正的快乐的生活。

　　你要知道，很多正确的决定都是在错误发生后作出的，因为我们无法避免第一次错误，就像贾德森为他的青春年少付出了惨痛代价一样。但当问题发生后，你就要抓住机会重新检视自己，准备自我突破，作出积极的改变，而不是将错就错，一如既往。

每当有人对自己的生活感到困惑，对当前的处境极度失望时，我就会问他们这几个问题：

面对未来，你有理想和使命感吗？你拥有自己的价值观吗？

面对现实，你是否规划过自己的人生，是否明白自己的方向？

我们要静下心来，才能够细心地计划自己的将来。

○如果你认定自己一辈子将要做一名优秀的职员而不是商人，那么学历对你而言是非常重要的。当你选择一项适合自己的专业时，请相信我，你的运气不会比贾德森更好，因为时间不容许你走一步错路。

○当你开始为自己的命运规划时，你就已经掌握了自己对于人生的主控权，你的气场将全面影响自己的未来，而非一直受到别人的左右。

○你不但要修炼自己的气场，还要学会发展各式各样的人际关系，去结识同样拥有积极气场的朋友。你应该确信，10年后，你的这些朋友都将成为你坚实的事业盟友。

○在30岁以前，你的气场应该像一块海绵，努力地吸收，也甘心被压榨，所有的努力为的只是自我的成长。你要敢于争取，同时也要勇于付出。因为没有经验，所以这时的你不要害怕挫折，每一次受挫都是对气场的强力补充。

○30岁以后，你要学会判断和掌握机会，不能再有尝试错误的心态。你应该看到远景而不是现在，习惯作人生重大的选择，同时懂得经营自己的家庭，承担自己的社会责任。

○40岁的时候，你要开始享受给人希望，习惯成为事业和家庭的主角，拥有成熟的气场。你要做一个有影响力的人，而不是被影响的人。你应该可以带领很多人去完成理想。此时的你，宁可因为梦想而忙碌，也不要因为忙碌而失去梦想。并且，你要懂得分享与付出！

请记住我的建议！

◎怎样提升优秀的气场

每个人都带着一支气场体温表，既可以拿来测试别人，也可以用于自我判断。气场每时每刻都在发生变化，就像人的心情一样。怎样判断我的气场？我告诉你一些基本的原则。

华尔街也许拥有最简单的气场指数，我经常鼓励魅力课程的参与者去体验那里空气的重量。当你站到华尔街的街头时，很多人都会立刻感觉到一种无所不在的力量压迫过来，它正弥漫在空气中，将压力传递给每一个参与者。

这是最简单的气场测试，无数优秀的精英聚集在一起，马上让你体会到智慧的博大和规则的冷漠无情。

我们的培训机构有一项重要的内容：定期组织参与者去华尔街进行实地体验。当来自全美各个城市的参与者站在这块神奇的街区时，他们对于气场的理解立刻就会变得比以前更加深入，他们不再认为气场是虚无缥缈的东西，而是找到了实实在在的现实样板。

优秀气场的必备标准 ·······························

1. 自信

你不一定要很漂亮，但一定要有强烈的自信。人们当然都在追求容光焕发的容颜、玲珑有致的身材或帅气迷人的外形，以及绝佳的穿衣品位，男人和女人越来越陷在对相貌的痴迷追逐中。但是只要你充满了自信，你身上所有的特征都会因此而变得魅力十足。

2. 智慧

你要拥有生活的智慧，还要具备一定的社交能量，要有进行生存竞争的勇气。这些会构成你气场的内涵，就像一架波音客机的发动机那样重要。没有这些基本的智慧，你会变得毫无质量，只有一个空空的架子，经不起任何风险。

3. 判断力

必要时，你需要能洞察秋毫，做到一切尽在掌握中。你要做到在需要选择时能够指向正确的目标，你还要能看透人情是非，知道自己站在哪个位置最安全。

4. 把握时机的能力

当机会出现时，果断地将它抓住，知道自己在什么时候应该做什么事。只有这样，你才能减少失误，不致在成功之前浪费太多的时间。

5. 行动的魄力

不是每个人都具备这种能力。我们见过太多的失败者，他们不是没有美好的计划和让人艳羡的蓝图，恰恰是因为缺乏行动的勇气才输给了时间和对手。

6. 知道自己需要什么

清醒地定位自己的物质和精神需求，然后对内心的欲望分类整理，从容作出人生的规划和选择。

7. 懂得爱自己

无论成功还是失败，你都会失去很多，所以你需要更多的人来爱你，更需要懂得自我保护。你始终要明白，对你来说最重要的永远都是健康，没有健康一切都将毫无价值。一个身心健康的人，他什么都不用做，气场就已经具备了最积极的感染力，他会让你想到：啊，活着真好，快乐舒适地享受生活的每一天，同时还有机会去做很多有价值的事情。

提升气场指数，我们应该做什么

1. 增加自我辨识能力

提高自己对于气场的感知能力，你就可以更冷静和敏锐地察觉一个人的真实意图。那个家伙到底想干什么，他对我有什么企图？我是不是能够跟他成为朋友？将来是对手还是盟友？你能够在第一时间嗅到对方的真实气味，判断他的优点和缺点，并且跟自己作出正确的比较。

2. 学会保护自己的技巧

拥有一个强大气场的前提，是你明白自我的重要性，你要懂得把处在错综复杂的人际关系中的自己好好地保护起来。当你可以避免无谓伤害的时候，就能够避免成为别人的垃圾情绪回收站了。

3. 锻炼良好的互动能力

勇敢地跟任何人尝试交往，哪怕只是打一个简单的招呼。努力将复杂的人际关系看个一清二楚，去了解别人，而不是等着对方来了解你。当我们拥有建立良好的人际关系的能力时，就能减少很多来自对方的不好的情绪和恶意的攻击倾向，只余下真诚的微笑和友善。随着你气场的改善，越来越多的人会拿出他们积极和善良的一面与你进行交流。

4. 打造并巩固自己的人格魅力

凡是具有优秀的人格魅力的人，他们的气场无一例外都很强大而且富有磁性。但这里有一个问题，通常来说，每个人的人格都有正反两方面的因素，我们想完全消除负面的影响是不可能的。所以你需要做到最好的协调与平衡，突出自己的优点，将优势最大化，去抵消缺点的影响。即便是无法避免的弱项，我们也尽可能发挥其中有利的方面，让它成为你人格魅力的一部分。

比如下列这些缺点，其中也包含着积极的一面。

○盲从：开发其中坚定的信念和不过多思考的积极因素。

○固执：坚持不懈，直到成功。

○变化：灵活选择最佳线路，避免钻入死胡同。

○享乐：懂得享受生活的乐趣，不会透支身心精力。

○悲观：深刻的认知和未雨绸缪的准备。

○叛逆：突破性的革新与创造能力。

◎17个重要的气场指数

一、羞愧（Shame）

这是我们最低的气场指数，但也是最富有两面性的气场能量。羞愧可以严重摧残一个人的气场，却也是激励革新的动力，促使我们作出积极的改善。

二、内疚（Guilt）

内疚感通常以多种方式呈现出来，比如懊悔，自责，产生对他人的伤害感。内疚会让人意识到错误，然而习惯性的内疚却会导致气场萎缩，带来频繁的愤怒和疲乏情绪，将气场导向黑色或者灰色。

三、冷漠（Apathy）

冷漠的气场能量杀伤力巨大，因为这会让人觉得世界与未来都没有希望，产生自闭和无助的潜意识。除非有外界因素的强烈刺激，否则拥有这类气场的人难以得到改善。

四、悲伤（Grief）

承受不住打击，就会感到悲伤。这是源于失落和依赖性的气场能量。千万不要在悲伤的气场中停留太久，能够及时走出来的人，他受到的影响将是最小的，不会因为悲伤太久对自己造成消极厌世的心理暗示。但是从另一个角度说，一个完全不懂得悲伤的人，就会走向不良气场的另一个极端——冷漠。

五、恐惧（Fear）

在这种气场层面看来，世界到处充满了危险、陷害和威胁。没有人不会产生恐惧，但重要的是要尽快摆脱它的束缚，不致形成心理暗示，真的发生让人不安的事情。恐惧会妨害个性的成长，最后导致压抑。

六、欲望（Desire）

欲望是最大的气场动能，它让我们耗费大量的精力去实现目标，取得回报。但是欲望也意味着贪婪。

七、愤怒（Anger）

欲望得不到满足会产生挫折感，接着就引发愤怒。人的愤怒情绪经常表现为怨恨和复仇心理，因此这种气场是易变而且危险的。这是唯一不具备任何优点的气场量级，当它在我们体内达到顶点时，很容易导致憎恨。

八、骄傲（Pride）

骄傲让我们感觉良好，它具有防御性和易受攻击性。因为它是建立在外界条件下的感受，是非理性的，泡沫一旦破灭，我们就会情绪低落。同时，骄傲的气场可能让我们养成傲慢的恶习，抵制内在积极上进的正面能量。

九、勇气（Courage）

作为最不可缺少的气场能量，勇气让我们拓展自我、获得成就、坚

239

忍不拔以及做到果断决策。当你拥有勇气时，生活看起来是激动人心和充满挑战的，而且新鲜有趣。气场得到了勇气的能量，我们才有能力去把握生活中的无数机会。

十、镇定（Calmness）

理性的气场能量帮助我们灵活而深刻地分析世界，看待现实中的问题。这意味着我们对于结果的超然，摆脱了挫败感和恐惧，是一种高级气场。这样的人是很容易相处的，让人感到温馨可靠，具有强大的说服力和个人魅力，适合成为团队的管理者和专业的分析家。

十一、主动（Willingness）

拥有主动气场的人，通常能够出色地完成任务，积极解决问题，更容易获得各种成功。这样的人，他们的成长是迅速的，很少思想封闭，同时真诚友善，乐于交际，并且自我调整的能力也极为强大，可以从逆境中崛起。他们不会骄傲，时时看到自己的不足，向优秀的人学习。

十二、宽容（Tolerance）

宽容的气场帮助一个人成为命运的主宰，没有什么外界因素可以夺走他的幸福感。处在这个气场能量级的人，对于是非对错的兴趣不大，更关注实质性的问题能否得到解决。他们更在意长期的目标，具备良好的自律和自控能力。

十三、明智（Reason）

理智以及聪明的气场表现，像爱因斯坦、弗洛伊德以及历史上的很多思想家，他们都拥有强大的明智气场。不过，此类气场最大的缺点是，他们过于关注符号所代表的意义。明智并不能让人真正走向真理，这种能量只是能制造出大量的信息和文档。所以一个人的明智气场太强的话，需要适当地加入一些感性元素，以平衡自己过度冷静的内心。

十四、爱（Love）

永久性的发自内心的爱。这样的人不但拥有对具体事物的宽容，而且总能将注意力集中到生活美好的一面，体验人生的幸福。他们更加关注内心的感受，而不是外界的变化。缺点就是，他们缺少强烈的欲望，过于不计较后果，这可能会让他们受到很多伤害，尽管他们并不怎么在乎。

十五、喜悦（Joy）

喜悦感是我们愉快气场的一部分，当我们表现出喜悦气场的时候，就产生了巨大的耐性，对于困境具有持久的乐观态度，愿意等待情况好转，并且懂得感恩他人。

十六、平和（Peace）

当我们拥有长期稳定的平和的气场时，对于欲望的判断标准就会产生变化，可以自由地控制内心的欲望，把它导向绝对积极的一面，形成完全的把控。一个平和的人，对于成功和失败的感受是没什么区别的。在他看来，世界总是老样子，无所谓发展不发展，他在意的是心灵的体验，而不是物质的享受。

十七、领悟（Enlightenment）

当人能够领悟一切时，他的表现便像是一种精神模范，拥有了伟人的气场。最高等的领悟的气场最终能够实现意识与神性的合一，但似乎没有人能够达到这样的等级。不过，初等和中等的领悟气场，在这个世界上还是很常见的，那些优秀的领导者和专业人士，无不在这方面各具特点。阅读和社会实践都会帮助我们提高领悟力。

后记

最真诚的忠告

你要知道，在我们提升气场并提高自己的公共形象的过程中，由于每个人面临的实际情况不同，并不会全然像书中所述的那么顺利，其过程非常艰辛，甚至我们会发现很多出乎预料之外的大麻烦和几乎让人放弃信心的巨大障碍——这需要我们具备坚忍的意志和长期践行的信心。

　　我坚信，除了跟坏习惯的战斗，还会有不少的人——甚至是我们的亲朋好友也在不断地诱惑你，让你放弃继续提升气场的伟大历程。

　　不管你身在美国还是欧洲某国，在中国还是日本，我们的社会都充满了遵行懒惰、消极和厌世之类信条的人。他们就在你的身边，也许就是你自己，过去、今天乃至未来隐藏在内心的另一个"你"。你无法避免与拥有这些信条的人在一起生活和工作，你们充满了交集，每天都在互相影响。于是，你就拥有了改善气场最广泛的"敌人"和"对手"。

　　你不但要与自己作战，还要时刻抵御这些社会群体观念的劝诱和侵袭。

我的一位朋友，他坚持了两年多，立志要做一个忠于内心而真实地活着的人。然而在初期，他无可避免地遭到朋友和家人的误解。比如他们会对他说："你这是为什么？像我们一样生活难道不好吗？""为什么非得把自己打扮成救世主的模样呢？为什么非得出类拔萃？"是的，这就是人们的普遍看法：既然有超过80%的人都注定无法逃脱平庸的命运，那我们为何还非得修炼自己的气场，变得像那20%的优秀人物一样甚至比他们还优秀呢？人们总是这么想。

他很好地坚持了下去，没有因为任何一个阻碍而退却。终于，正像我们预料到的，无所畏惧的勇气总能帮助我们笑到最后，只要你的方向正确。他的生活发生了积极的改变。最重要的改变是，他迎来了真正的机会——非常多的人开始主动找到他，向他请教问题，或者想与他有一些合作，比如一起实现共同的理想——尽管以前那看起来是那么遥不可及的不值得努力的幻想。即使最不理解他的那些人，也开始无比地信任他，主动向他走近，希望从他这里获得有益的影响。在他的感染下，更多的人开始比以前更加热爱生活，并且勇敢地展示自己。

两年来，他的收获还不止这些。他得到了更多的恋爱机会，对生活变得敏锐并充满美好的向往；他做人更加谦虚和自信，在陌生人面前的语言表达能力也得到了提高，而以前他是一个在自己的宠物狗面前说话都有些羞涩的人。当然，他抛弃的也更多，包括软弱、踌躇、忧郁、懒惰、迟钝、骄傲和欺骗等一切让人丧失积极性的坏习惯。

在这个世界上，还有什么是我们做不到的呢？只要我们相信、愿意并付出勇敢的努力！当你开始认识到气场的重要，从每一个细小的环节开始改善，并使自己获得重生时，你就会发现，我们对这个世界的魅力和吸引力是永远也挡不住的，你的每片羽翼都散发着自信和迷人的光辉！

在按照本书的建议，开始你独特而神奇的气场训练之前，请先看看我送给你的忠告：

首先，你需要平衡理想和现实之间的关系。如果你提升气场只是为了金钱和与物质有关的一切东西，那你的生活就被彻底扭曲了，这将完全背离我们的初衷和最终的人生追求。我们希望所有的人都能在理想和现实中间找到最佳的平衡点，即：你不仅仅是为了金钱而生活，因为人类更需要尊重和感恩。

如果你是一个现实主义者，将金钱当做唯一的目标，你的选择将大错特错。当你开始气场训练后，即便做得非常好，你也难以心想事成，从我们这里收获计划中的东西。只有带着愿意分享和互相理解的神圣信仰，并掌握提升气场的规律，你才能做到金钱和心灵价值的双重实现，不但可以赚到足够的财富，并且能够永远保持内心的平和与安宁。

其次，你要学会正确地运用气场和自身独特的吸引力，同时你还要明白，任何人都不可能在没有付出的情况下得到满意的回报。

记住下面这些话吧，我希望它会是时刻激励你勇敢前行的座右铭：

我的内心无限富足，我理应变得快乐和成功！我清醒地知道自己真正的价值，始终毫无保留地向世界展示我的才华，用我最好的气场去影响更多的人走向积极和富有，而且我将得到应有的回报！这个世界真美好！

图书在版编目（CIP）数据

气场修成手册 / 高原著 . —长沙：湖南文艺出版社，2012.6

ISBN 978-7-5404-5511-8

Ⅰ. ①气… Ⅱ. ①高… Ⅲ. ①成功心理 – 通俗读物 Ⅳ. ①B848.4–49

中国版本图书馆 CIP 数据核字（2012）第 065564 号

上架建议：励志 /成功心理学

气场修成手册

著　　者：高　原

出 版 人：刘清华

责任编辑：丁丽丹　刘诗哲

监　　制：一　草

特约编辑：李吉军　刘　霁

版式设计：张丽娜

出版发行：湖南文艺出版社

　　　　　（长沙市雨花区东二环一段 508 号　邮编：410014）

网　　址：www.hnwy.net

印　　刷：北京世纪雨田印刷有限公司

经　　销：新华书店

开　　本：880mm × 1270mm　1/32

字　　数：185 千字

印　　张：8.5

版　　次：2012 年 6 月第 1 版

印　　次：2012 年 6 月第 1 次印刷

书　　号：ISBN 978-7-5404-5511-8

定　　价：32.80 元

（若有质量问题，请致电质量监督电话：010-84409925）